Arbeitsblätter

Bioethik – Schöpfer Mensch

Gentechnik und Eugenik – Transplantation –
Reproduktionsmedizin – Euthanasie

20 Arbeitsblätter
mit didaktisch-methodischen Kommentaren

Sekundarstufe II

von
Jens Müller-Kent

Ernst Klett Verlag
Stuttgart   Düsseldorf   Leipzig

Der Verlag hat sich nach bestem Wissen und Gewissen bemüht, alle Inhaber von Urheberrechten an Texten und Abbildungen zu diesem Werk ausfindig zu machen. Sollte das in irgendeinem Fall nicht korrekt geschehen sein, bitten wir um Entschuldigung und bieten an, gegebenenfalls in einer nachfolgenden Auflage einen korrigierten Quellennachweis zu bringen.

 Gedruckt auf Papier, welches aus Altpapier hergestellt wurde.

Die Deutsche Bibliothek – CIP-Einheitsaufnahme
Ein Titelsatz für diese Publikation ist bei
Der Deutschen Bibliothek erhältlich.

2. Auflage 2001 A
Alle Rechte vorbehalten.
© Ernst Klett Verlag GmbH, Stuttgart 1999
Internetadresse: http://www.klett-verlag.de
E-Mail: klett-kundenservice@klett-mail.de
Umschlaggestaltung: BSS Werbeagentur Sachse und Partner, Bietigheim
Satz: Schwabenverlag AG, Ostfildern
Druck und Bindung: Wilhelm Röck, Weinsberg. Printed in Germany
ISBN 3-12-926766-2

Inhalt

Gentechnik und Eugenik

A 1	Wirkungsgeschichte von Gen. 1,28	5
A 2	Menschenproduktionsvisionen	9
A 3	Eugenik vor dem Nationalsozialismus	14
A 4	Nationalsozialismus und Eugenik	18
A 5	Evangelische Kirche und Eugenik	21
A 6	Katholische Kirche und Eugenik	24
A 7	Eugenik nach dem Nationalsozialismus	26
A 8	Pränataldiagnostik: Neue Eugenik?	30

Transplantation

A 9	Organtransplantation	35
A 10	Fötalgewebetransplantation	39

Reproduktionsmedizin

A 11	Reproduktionsmedizin	41
A 12	Bewertungen der künstlichen Befruchtung	43
A 13	Klonen	45
A 14	Keimbahntherapie	49
A 15	Ektogenese	53

Euthanasie

A 16	Auf dem Weg zum „Euthanasie"-Programm	55
A 17	Die Kirchen zur Euthanasie	59
A 18	Aktuelle Fragen der Euthanasie	61
A 19	Die Position Peter Singers	62
A 20	Die christliche Ethik zur neuen Euthanasie-Debatte	65

Didaktisch-methodischer Kommentar 68

Wirkungsgeschichte von Gen. 1,28 A1

M 1 Der Herrschaftsauftrag an den Menschen

Gott segnete sie, und Gott sprach zu ihnen: Seid fruchtbar, und vermehrt euch, bevölkert die Erde, unterwerft sie euch, und herrscht über die Fische des Meeres, über die Vögel des Himmels und über alle Tiere, die sich auf dem Land regen.

Gen. 1,28
aus: Einheitsübersetzung der Heiligen Schrift
© 1980 Katholische Bibelanstalt, Stuttgart

M 2 Schöpfung

„Nein — diesmal machen wir es ohne Menschen!"

Zeichnung: LCS/Moser, Wannweil

M 3 Ein Drei-Stufen-Modell

Schließlich ist deshalb ihm selbst alles Übrige unterworfen, damit er selbst Gott, seinem Schöpfer und Bildner, untertan sei. Wenn Gott also den Menschen als seinen Anbeter gewollt hat und ihm darum so viel Ehre verlieh, dass er über alle Dinge herrscht, dann ist es gewiss gerecht, Gott zu lieben...

De ira Dei 14,2 f.
Laktanz (gest. nach 317), aus: Günter Altner (Hg.), Ökologische Theologie. Kreuz Verlag, Stuttgart 1989, S. 151

M 4 Der Mensch sorgt für die Tiere

Denn was um des Menschen willen geschaffen worden ist (nämlich alle sichtbaren Dinge), das muss von ihm beherrscht und benutzt werden, und deshalb gab Gott ihm Kenntnis von allen diesen Dingen und überließ ihm (ihre) Versorgung. Denn der Apostel sagt: „Sorgt Gott für die Ochsen?" (1. Kor. 9,9). Gott überlässt doch dem Menschen die Sorge für Ochsen und andere Tiere, damit sie seiner Herrschaft unterworfen sind und beherrscht werden durch seine Vernunft, sodass für die, von denen er Gehorsam empfängt, er auch wissen kann, wie das, was notwendig ist, zu beschaffen ist.

aus: Hugo von St. Viktor (gest. 1141), sacramentis 1. 6. 13; zit. nach Udo Krolzig, Umweltkrise – Folge des Christentums? Stuttgart, Berlin 1979, S. 77

M 5 Der Gott der Tiere

Daher ist der Mensch, der im Allgemeinen für alle Dinge, lebendige und leblose, vorsorgt, eine Art Gott. Sicher ist er der Gott der Tiere, denn er macht von ihnen allen Gebrauch, er beherrscht sie und unterrichtet viele von ihnen. Es ist auch klar, dass er der Gott der Elemente ist, denn er bewohnt und kultiviert sie alle. Endlich ist er der Gott aller Dinge, denn er handhabt, verändert und gestaltet sie alle.

aus: Marsilio Ficino (1433–1499), Theologia Platonica XIII, 3; aus: Günter Altner (Hg.), Ökologische Theologie. Kreuz Verlag, Stuttgart 1989, S. 155

M 6 Technik heißt Gottesdienst

Vom christlichen Gottesglauben aus wird in einer besonderen und einzigartigen Weise die Eigenart des technischen Schaffens zur Geltung gebracht. Dass hier in gewaltiger, fast erschütternder Weise das wiederkehrt, was unsere so genannte Vergeistigung fast verloren hatte, die Nähe zur Natur, zur Schöpfung, die nicht nur das schattenhafte Dasein von Ideen kennt, sondern wirkliche Gestaltung, das ist das unbewusste Wunder der Technik. Darum ist sie im ursprünglichen Wortsinne „schöpferische" Tätigkeit des Menschen. Und für den christlichen Glauben ist sie damit nichts Geringeres als die Fortsetzung des Schöpfungswerkes Gottes. Es ist ein Gesetz der Schöpfungsordnung Gottes, dass alle menschliche Arbeit im Ernste nur Leben schaffend, Leben erhaltend, Leben fördernd, aber nie Leben zerstörend sein kann. Dieser große Leben bejahende Sinn der Arbeit kommt angesichts der Technik zu besonders deutli-

A1 Wirkungsgeschichte von Gen. 1,28

cher Geltung. Die technische Arbeit verliert völlig ihren Sinn und endet in vollkommener Auflösung, wenn sie sich nicht unter dies Schöpfungsgesetz Gottes beugt, das er aller Arbeit gegeben hat. Jenes alte Bibelwort: „Machet Euch die Erde untertan!", der Befehl Gottes an die ersten Menschen, der aller menschlichen Tätigkeit ihre hohe Würde und Gottähnlichkeit verleiht, wird nirgends wörtlicher erfüllt, als in der Technik. Darum liegt, wie auf aller menschlichen Arbeit, so auf der Technik im Besonderen ein Abglanz des ersten Schöpfungsmorgens; und je bewusster dieser Zusammenhang mit der Schöpfungstat und der Ordnung Gottes gesehen wird, umso strahlender und verheißender wird das Licht, das über diesem menschlichen Tun liegt. Technische Arbeit hat daher ihre unauslöschliche Würde, dass sie Anteil an der Schöpfungstätigkeit Gottes und Fortsetzung seines Tuns ist. Darum ist nicht die Technik an sich verwerflich, sondern nur die durch menschliche Sünde erstellte und entartete Technik. Daran aber darf alle Verflechtung der Technik mit menschlichen sündlichen Ordnungen, mit einer egoistischen Wirtschaft und einem hasserfüllten Gemeinschaftsleben, nicht irre machen, dass im Prinzip, im Anfang, im Wesen die Technik Gott gehört, gottgeordnet ist und unter Gottes Verheißung steht wie alle echte menschliche Arbeit. [...] Technische Arbeit hat unendlich viel Leid über die Menschheit gebracht und eindringlicher als der eiserne Siegessang der Maschinen ist das Klagelied derer, die als die Opfer der technischen Entwicklung ihr wirtschaftliches Dasein, ihre Gesundheit, ihre Lebensfreude verloren haben. Nur so weit wird diese entsetzliche Gefahr in der Menschheit gemildert werden, als die Entschlossenheit des Einzelnen steigt, in seiner persönlichen Arbeit die hohe Würde der Technik als eines Gottesdienstes im doppelten Sinne zu wahren. Technische Arbeit heißt zuchtvollste Sachlichkeit, entschlossene Hingabe, geheiligte Tatkraft; denn Technik heißt Gottesdienst.

aus: Hanns Lilje, Das technische Zeitalter, Berlin 1928, S. 76ff.

M 7 Verantwortung für die Verwirklichung der Natur

In früheren Zeiten konnte der Mensch die Verantwortlichkeit seines Handelns nur als ein Einfügen in die Ordnungen der Schöpfer verstehen, die gegeben waren. [...] Inzwischen aber ist herausgekommen, dass der Mensch sich eben kraft seiner Vernunft von der Natur und ihrer Ordnung unterscheidet und dass die Rolle des Menschen nicht Einordnen, sondern Produzieren lautet. Das verändert nun natürlich das Verhältnis des Menschen zur Natur. [...] Damit ist (aber) eine neue Verantwortung gegeben, die Verantwortung für die Verwandlung, vielleicht sollten wir sogar sagen, für die Verwirklichung der Natur. [...] Wir ziehen sie in unser Schicksal durch unser Handeln hinein. Es ist darum sehr einseitig, wenn wir nur von der Hybris reden, dass der Mensch zum Mond will und die Atomkräfte benützt und die ruhenden Kräfte der Natur aktiviert. Nicht um Hybris geht es da, sondern um die Ausübung der Verantwortung für die Natur, mit der der Mensch seine Stellung in der Natur erst begreift und ergreift. Und es sollte wohl deutlich sein, dass diese Position allein vom biblischen Glauben her erkannt worden ist. [...] Ausdrücklich müssen wir unter dem Vorzeichen des Glaubens auch unser Handeln in der Natur bedenken. [...]

Kommen wir von Christi Tod und Auferstehung her, so hören wir die Aussagen des Epheser- und Kolosserbriefes neu, in denen der auferstandene Herr als Triumphator über die Mächte gepriesen wird. Seine Überwindung gilt also auch der Natur. Und wir können in einer Zeit, in der die Natur nicht als eigenständig neben dem Menschen steht, sondern in sein Geschick hineingenommen ist, besser als manche frühere Generation verstehen, welcher Trost darin liegt, dass Jesus der Herr auch des Kosmos ist.

Im Lichte dieser Herrschaft können wir es ertragen, dass die Natur vom Menschen in das Vergehen hineingerissen wird. Wir nehmen die Behandlung der Natur als Material für unsere menschliche Arbeit nicht nur als ein Herrschaftsrecht, sondern danken es Gott und durch ihn den Kräften der Schöpfung, dass sie sich uns zur Verfügung stellen. Und wenn wir darunter leiden, dass wir also die großen Kräfte des Kosmos aus ihren Banden losketten und in die Verwandlung und den unumkehrbaren Prozess der Endlichkeit hinein aktivieren, dann loben wir Jesus Christus, der auch diese geschöpfliche Welt in die Verheißung der Neuen Welt hineinnimmt.

aus: Hans-Rudolf Müller-Schwefe, Technik als Bestimmung und Versuchung. Vandenhoeck & Ruprecht, Göttingen 1965, S. 47 f., S. 59 f.

M 8 Wider die ängstlichen christlichen Gemüter

Mit atemberaubender Zielstrebigkeit strebt der Bericht vom ersten Werk an, dem Licht weit draußen im Kosmos, auf den Menschen zu. Bei der Erschaffung des Menschen angekommen, lädt die bisher so knappe Darstellung breiter aus. Statt eines Befehls „Es werde...", der sich augenblicklich verwirklicht, diesmal eine Vorankündigung: Lasset uns Menschen machen. Ein besonderer Bezug des Geschöpfs zu seinem Schöpfer wird nur hier hervorgehoben: nach unserem Bild. Doch auch der Bezug zu den andern Geschöpfen wird nur an dieser Stelle ausdrücklich: Macht euch die Erde untertan. Der Mensch gilt also als Geschöpf, das zu Gott wie zur Kreatur hin offen ist, das also nicht einfach wie die Übrigen im natürlichen Lauf der Dinge aufgeht. Die Stellung des Menschen wird so eigentümlich herausgestellt, dass offenbar nur von ihm her begriffen werden kann, was es mit Schöpfung überhaupt auf sich hat. [...]

Das so erschaffene Ebenbild erhält zusätzlich einen Segen: Machet sie euch untertan! Der tatsächliche Gebrauch der Herrenmacht wird durch ein neues Wort übereignet. Sehr starke Ausdrücke werden verwendet. Die Verben kibbes und radah heißen genau genommen: „unterjocht sie, tretet nieder!" Dem Mensch wird freie Hand gegeben. Er soll und darf eingreifen in den Lauf der Natur, in das Leben von Pflanzen und Tieren. (In V. 29 fehlt noch die Erlaubnis, Tiere zu verspeisen. Sie wird V. 9,2 f. nachgeholt.) Ängstliche Gemüter in der Christenheit haben im letzten Jahrhundert gefragt, ob es nicht Sünde und Teufelswerk sei, eine Eisenbahn in Betrieb zu nehmen oder in den Fabriken Menschen durch Maschinen zu ersetzen. Heutzutage soll es Christen geben, die in Weltraumfahrt, Raketen und Sputniks Ausdruck abscheulicher Hybris sehen. Aus der Schrift stammen solche Bedenken nicht. Im Gegenteil, Gen. 1 muntert auf, jede Anstrengung zu unternehmen, um die Welt für die Menschheit nutzbar zu machen. Rückhaltlos setzt sich 1. Mose 1 für den zivilisatorischen Fortschritt der Menschheit ein! Sollte der christliche Prediger da zurückstehen?

Die ängstlichen christlichen Gemüter werden natürlich gegenfragen: Verwenden die Menschen ihre Macht über Natur und Technik nicht zum Schaden für sich und andere? Die Bibel übersieht solchen Missbrauch keineswegs. Sie schildert – ausweislich die Prophetenbücher – eindringlich genug, wie menschliche Herrschaft entartet. Die Menschen können ihren Herrschaftsauftrag nur dann zu ihrem Heil nutzen, wenn sie als Ebenbilder mit dem Gott, den sie abbilden, in Verbindung bleiben. Aber das alles steht buchstäblich auf einem anderen Blatt. Am Anfang der Bibel wird bedingungslos und unüberhörbar der Kulturauftrag der Menschheit bejaht!

aus: Klaus Koch, Jubilate. 1. Mos. 1,1–31, in: GPM Pastoraltheologie 56/2, Februar 1967, S. 196 f., S. 199

M 9 Der Mensch als Tierheger

Wie aber vermögen Menschen das wilde Getier in Meer und Luft und auf Erden hegend zu leiten? Das Hirtenmodell reicht insofern nicht zu, da es Zähmung voraussetzt, die nur bei der Klasse der Haustiere stattfindet. Ein Anhalt für das, was der Verfasser im Sinn hat, gibt die nachfolgende Speisezuweisung V. 29 f. Sie ergeht nur an den Menschen; ihm aber wird eröffnet, dass für Wild, Vögel und Kriechtiere das „Grüne des Krauts" zur Nahrung dienen soll. Wenn Gott dies dem Menschen eröffnet, muss es für diesen von Belang sein, was die Tiere fressen. Zu seinem rdh gehört demnach, für die Nahrung der Tiere zu sorgen und ihren Lebensraum zu sichern; eine Anordnung, die im Nahen Osten besonders einleuchtet, weil der Gegensatz zum Kulturland nicht die Wildnis, sondern die Wüste ist, also auch die „wilden" Tiere im Umkreis des ersten sich normalerweise aufhalten. Zugleich wird einbeschlossen, dass der Mensch es ist, der die Tiere zu rein pflanzlicher Nahrung anzuhalten hat. Wenn es später Raubtiere gibt (was Gen. 6,13 voraussetzt), dann deshalb, weil der Mensch versagt hat. Nur Noah hat beispielhaft Tierhege geübt: er, der als einziger vor der Flut gemeinschaftstreu genannt wird (Gen. 6,9). In seiner Arche finden sich die Tiere, nach Klassen geordnet (außer den Fischen) wieder und er sorgt für ihre rein pflanzliche Kost!

Wahrscheinlich denkt Gen. 1 noch an ein indirektes, aber umso nachhaltigeres menschliches Einwirken auf die lebendige Umwelt. [...]

Wenn heilwirkende Gemeinschaftstreue die Menschengemeinschaft insgesamt durchziehen würde, könnten sich die Tiere ihrer Wirkung nicht entziehen. Angesichts einer solch grandiosen Aufgabe haben aber die Adamsnachkommen versagt (Gen. 6,13).

aus: Klaus Koch, Gestaltet die Erde, doch heget das Leben! Einige Klarstellungen zum dominium terrae in Genesis 1, in: H.-G. Geyer, J. M. Schmidt, W. Schneider, M. Weinrich (Hg.), Wenn nicht jetzt, wann dann? © Neukirchener Verlag, Neukirchen-Vluyn 1983, S. 33 f.

A1 Wirkungsgeschichte von Gen. 1,28

M 10 „Soll ich meines Bruders Hüter sein?" (1. Moses 4,9)

Zeichnung: CCC/Renčin, München

M 11 Standortdenken verhindert Folgenabschätzung

[...]
Der Prozess der Evolution und der Vorgang des vielschrittigen langsamen Artenwandels steht heute zur Disposition. War der Mensch bislang vom Prozess der allgemeinen Naturgeschichte getragen, [...] so wird er nun zum Steuerer und Taktgeber für diese Evolution. Wohin soll die Reise gehen? Und vor allem: Haben wir angesichts der immer schneller ablaufenden Dynamik des Wissenszuwachses überhaupt noch Zeit, über die Folgen nachzudenken? Bevor auch nur Ansätze für ein ernsthaftes Nachdenken gewonnen sind, tönen Politiker von der internationalen Konkurrenzfähigkeit, investieren internationale Konzerne für das große Biogeschäft von morgen.
[...]

aus: Günter Altner, Bioreaktoren – oder: Was darf der Mensch eigentlich als Teil der Schöpfung? in: Ökologie und Landbau 84/1992, S. 17 ff.

M 12 Ethische Grundlagen der Gentechnik

Ihre ethische Rechtfertigung erlangen die Bio- und Gentechnik durch den biblischen Schöpfungsauftrag (Gen. 1,28 und 2,15), durch den der Mensch ermächtigt wird, gestaltend in die Natur einzugreifen, sie für seine Lebensbedürfnisse heranzuziehen und umzugestalten. Diese technisch-kreative Gestaltungsbefugnis bezieht sich auch auf die Diagnose und Bekämpfung von Krankheiten beim Menschen.

Gentechnische Forschung und ihre industrielle Anwendung stellen einen wichtigen Beitrag zur Sicherung des Wirtschaftsstandorts Deutschland dar. Verantwortliche Politik, die ihre zentrale Aufgabe in der Zukunftssicherung unter humanen Bedingungen sieht, hat auch geeignete Rahmenbedingungen für gentechnische Forschung und Anwendung zu schaffen. Es ist daher von nationalem Interesse, auch auf dem Feld gentechnischer Forschung und Anwendung eine führende Industrienation zu bleiben und sich auf den Weltmärkten zu behaupten. Gleichwohl darf dies nicht in dem Sinne missverstanden werden, dass ethische Grundsätze und Forderungen nur insoweit gültig seien, als dadurch keine Nachteile im weltweiten Wettbewerb entstehen. Der Hinweis auf nationale Interessen kann weder Relativierung von Prinzipien für verantwortliches Handeln noch Aufweichung von notwendigen Sicherheitsstandards bedeuten.

aus: Grundsätze und Thesen der Arbeitsgruppe der CDU „Zukunft der Bio- und Gentechnik", vorgelegt am 10. 10. 1996 in Bonn, S. 6

Menschenproduktionsvisionen A 2

M 1 Der Mensch ist eine Maschine

Treten wir einmal in eine etwas nähere Betrachtung dieser Triebfedern der menschlichen Maschine ein: Alle vitalen, animalischen, natürlichen und automatischen Bewegungen geschehen durch die Wirksamkeit derselben. Zieht sich nicht der Körper maschinenmäßig zurück, wenn er beim Anblick eines unerwarteten Abgrundes von Schrecken ergriffen wird? Senken sich nicht die Augenlider bei der Drohung eines Schlages?

Verengt sich die Pupille nicht vor der Tageshelle, um die Netzhaut zu schonen, und erweitert sie sich nicht, um in der Dunkelheit die Gegenstände zu sehen? Schließen sich die Poren der Haut nicht maschinenmäßig im Winter, damit der Frost nicht ins Innere der Gefäße eintritt? Hebt sich nicht der Magen, vom Gifte erregt, durch eine gewisse Menge Opium, durch alle Brechmittel etc.? Ziehen sich das Herz, die Arterien, die Muskeln nicht während des Schlafs, wie während des Wachens zusammen? Leistet die Lunge nicht den Dienst eines beständig in Bewegung gesetzten Blasebalges? Sind nicht alle Schließmuskeln der Blase, des Mastdarmes etc. maschinenmäßig in Tätigkeit? Zieht sich das Herz nicht stärker zusammen als jeder andere Muskel? [...]

Bedarf es noch mehr, [...] um zu erweisen, dass der Mensch nur ein Tier ist, oder eine Vereinigung von Triebfedern, welche sich durch gegenseitigen Einfluss verstärken, ohne dass man sagen kann, auf welchem Punkte des menschlichen Kreises die Natur angefangen hat. Wenn diese Triebfedern von einander abweichen, so geschieht dies nur nach Maßgabe der Körperstelle und vermöge einiger Abstufungen ihrer Kraftverhältnisse und niemals vermöge der Verschiedenheit ihres eigentlichen Wesens; und folglich ist die Seele nur ein Bewegungsprinzip, oder ein empfindlicher materieller Teil des Gehirns, den man, ohne einen Irrtum zu fürchten, von dem Gesichtspunkt betrachten darf, dass er eine Haupttriebfeder des ganzen Maschinenwerks ist, welche einen sichtlichen Einfluss auf alle anderen zu üben und sogar zuerst geschaffen worden zu sein scheint. [...]

(Wenn) Vaucanson größere Kunst anwenden musste, seinen Flötenspieler zu machen als für seine Ente, so hätte er noch bei weitem bedeutendere Kunst zeigen müssen, um ein sprechendes Gebilde hervorzurufen, was – besonders unter den Händen eines modernen Prometheus – nicht mehr als unmöglich erachtet werden kann. [...]

Ich täusche mich nicht, der menschliche Körper ist eine Uhr, aber eine erstaunliche.

aus: Julian Offroy de la Mettrie, Der Mensch ist eine Maschine (1748), in: Klaus Völker (Hg.), Künstliche Menschen. © Carl Hanser Verlag, München/Wien 1994, S. 81ff.

M 2 Der Golem

Es lebte vor Zeiten in Prag ein großer Kabbalist, der hohe Rabbi Löw genannt; dieser formte aus Lehm eine menschliche Gestalt, hinten am kleinen Gehirn ließ er eine Öffnung, in welche er ein Pergament legte, darauf der unaussprechliche Name Gottes geschrieben war. Sogleich erhob sich der Kloß und ward ein Mensch; er verrichtete seinem Schöpfer alle Dienste eines Knechtes, er holte Wasser, spaltete Holz und dergleichen mehr; man kannte ihn in der ganzen Judengasse unter dem Namen: der Golem des hohen Rabbi Löw. Jedes Mal am Freitagabend nahm ihm sein Herr das Pergament aus dem Kopfe, dann war er wieder Lehm bis sonntagmorgens. Einst hatte der Rabbi diese Verrichtung vergessen, alles war in der Synagoge, man hatte soeben das sabbatliche Minnelied begonnen, da stürzten Frauen und Kinder in die Versammlung und schrien: Der Golem, der Golem zerstört alles. Sogleich befahl der Rabbi dem Vorsänger, mit dem Schlusse des Gebetes innezuhalten, jetzt sei noch Rettung möglich, später aber könne er nicht wehren, dass die ganze Welt zerstört werde. Er eilte nach Hause und sah wie der Golem eben die Pfosten seines Hauses erfasst hatte, um das ganze Gebäude einzureißen; er sprang hinzu, nahm ihm das Pergament, und toter Lehm lag wieder vor seinen Füßen. Von dieser Zeit an singt man in Prag das sabbatliche Brautlied stets zweimal.

aus: Berthold Auerbach, Spinoza; in: Klaus Völker (Hg.), Künstliche Menschen. © Carl Hanser Verlag, München/Wien 1994, S. 439 f.

A2 Menschenproduktionsvisionen

M 3 Frankenstein

Nach vielen Tagen und Nächten voll unglaublicher Mühen und Anstrengungen gelang es mir, die Ursache der Zeugung und des Lebens zu entdecken – ja noch mehr: Ich vermochte nun leblose Dinge zu beleben.

Das Erstaunen, das ich zuerst über diese Entdeckung empfand, räumte bald der Freude und dem Entzücken seinen Platz. Plötzlich war ich auf dem Gipfel meiner Wünsche angekommen. Zwar hatte ich viel Zeit für eine furchtbare Arbeit verwandt, doch konnte die Plackerei kein besseres Ende finden. Diese Entdeckung war so groß und überwältigend, dass die Schritt um Schritt erkletterten Stufen meinem Blick entschwanden und nur das Ergebnis übrig blieb. Ich hielt den Wunschtraum und das Arbeitsziel der klügsten Männer seit der Erschaffung der Welt nun in meiner Hand. Allerdings erschloss sich das Geheimnis nicht sofort in seiner Ganzheit wie eine magische Prozedur. Das gewonnene Wissen war eher so beschaffen, meinen Bemühungen die Richtung auf das Forschungsziel zu weisen, als dieses schon vollständig zu präsentieren. [...]

Als mir so eine unbegreifliche Macht in die Hände gegeben war, zögerte ich eine Weile und sann über die Möglichkeit ihrer Anwendung nach. Obwohl ich jetzt Leben verleihen konnte, blieb immer noch ein Werk von unvorstellbarer Schwierigkeit und Mühsal zu tun, nämlich die Herstellung eines organischen Gehäuses mit all seinen komplizierten Verbindungen von Fasern, Muskeln und Adern. Ich schwankte zuerst, ob ich die Schöpfung eines mir gleichenden Wesens versuchen sollte oder einer Kreatur von einfacherer Beschaffenheit. Meine Einbildungskraft schwebte jedoch seit meinem ersten Erfolg in derartigen Höhen, dass sie mir keinen Zweifel an meiner Fähigkeit erlaubte, einem Wesen, das so komplex und wunderbar eingerichtet war wie der Mensch, das Leben zu schenken. [...]

Mit diesen Erwägungen schickte ich mich zur Erschaffung eines menschlichen Wesens an. Da die Winzigkeit der Teile ein merkliches Hindernis für den schnelleren Fortgang meiner Arbeit darstellte, beschloss ich – entgegen meiner ersten Absicht –, dem Wesen eine gigantische Statur zu verleihen, nämlich acht Fuß hoch und entsprechend breit. Nachdem ich diese Entscheidung gefällt und einige Monate mit erfolgreichem Sammeln und Herrichten des Materials verbracht hatte, fing ich das eigentliche Werk an.

Niemand kann sich die vielgestaltigen Gefühle vorstellen, die mich in der ersten Begeisterung des Erfolges gleich einem Wirbelsturm vorwärts trugen. Leben und Tod schienen mir ideale Grenzen, die ich erstmals durchbrechen sollte, damit sich ein Strom des Lichtes in unsere düstere Welt ergieße. Eine neue Gattung würde mich als ihren Schöpfer und Ursprung segnen; viele glückliche und hervorragende Wesen hätten mir ihr Dasein zu verdanken. Kein Vater könnte die Verehrung seiner Kinder so beanspruchen, wie ich die ihre verdiente. [...]

Damals drängte mich ein unwiderstehlicher und fast wahnsinniger Impuls vorwärts. Alles war dem Zweck, leblosen Lehm zum Leben zu erwecken, unterworfen. Ich schien die Seele und die Empfindung für alles, außer diesem einen Ziel, verloren zu haben. Es war wirklich nur eine vorübergehende Entrücktheit, die mir in aller Schärfe erst bewusst wurde, als ich zu meinen alten Gewohnheiten zurückgekehrt war und der unnatürliche Anreiz aufgehört hatte. Ich sammelte Knochen in den Leichenhäusern und drang mit ungeweihten Händen in die ungeheuren Geheimnisse des menschlichen Skeletts ein. [...] Der Seziersaal und das Schlachthaus lieferten einen großen Teil meines Materials; oft wandte sich meine menschliche Natur mit Ekel von meiner Beschäftigung ab, während sich mit ständig zunehmender Hast mein Werk dem Abschluss näherte. [...]

In einer düsteren Nacht im November bekam ich das Ergebnis meiner Mühen zu Gesicht. Mit einer fast an Todesangst grenzenden Furcht trug ich die Leben spendenden Mittel zusammen, um damit dem leblosen Ding, das zu meinen Füßen lag, den Lebensfunken anzufachen. Schon war es ein Uhr morgens, der Regen plätscherte trübselig gegen die Fensterscheiben, meine Kerze flackerte nur noch, als ich beim Glimmen des verlöschenden Dochtes sah, wie sich das trübe, gelbe Auge des Geschöpfes öffnete. Es atmete stoßweise, während eine zuckende Bewegung die Glieder durchfuhr. [...]

Ich hatte es mit einer übermäßigen Leidenschaftlichkeit ersehnt – und jetzt, als ich es erreichte, verschwand die Schönheit des Traumes. Stattdessen erfüllten atemloser Schrecken und Abscheu mein Herz. Unfähig, den Anblick des von mir geschaffenen Wesens zu ertragen, rannte ich aus dem Raum.

aus: Mary W. Shelley, Frankenstein. Heyne Verlag, München 1995, S. 47 f.

Menschenproduktionsvisionen **A2**

M 4

Zeichnung: Baaske/Mester, München

A2 Menschenproduktionsvisionen

M 5 Die Produktion eines Homunkulus

Mephistopheles *(eintretend).*
Willkommen! es ist gut gemeint.
Wagner *(ängstlich).*
Willkommen zu dem Stern der Stunde!
(Leise.) Doch haltet Wort und Atem fest im Munde,
Ein herrlich Werk ist gleich zustand gebracht.
Mephistopheles *(leiser).*
Was gibt es denn?
Wagner *(leiser).* Es wird ein Mensch gemacht.
Mephistopheles. Ein Mensch? Und welch verliebtes Paar
Habt Ihr ins Rauchloch eingeschlossen?
Wagner. Behüte Gott! wie sonst des Zeugen Mode war,
Erklären wir für eitel Possen.
Der zarte Punkt, aus dem das Leben sprang,
Die holde Kraft, die aus dem Innern drang
Und nahm und gab, bestimmt sich selbst zu zeichnen,
Erst Nächstes, dann sich Fremdes anzueignen,
Die ist von ihrer Würde nun entsetzt:
Wenn sich das Tier noch weiter dran ergetzt,
So muß der Mensch mit seinen großen Gaben
Doch künftig höhern, höhern Ursprung haben.
(Zum Herd gewendet.)
Es leuchtet! Seht! – Nun läßt sich wirklich hoffen,
Daß, wenn wir aus viel hundert Stoffen
Durch Mischung – denn auf Mischung kommt es an –
Den Menschenstoff gemächlich komponieren,
In einen Kolben verlutieren,
Und ihn gehörig kohobieren,
So ist das Werk im stillen abgetan.
(Zum Herd gewendet.)
Es wird! die Masse regt sich klarer!
Die Überzeugung wahrer, wahrer:
Was man an der Natur Geheimnisvolles pries,
Das wagen wir verständig zu probieren,
Und was sie sonst organisieren ließ,
Das lassen wir kristallisieren. […]
Es steigt, es blitzt, es häuft sich an,
Im Augenblick ist es getan.
Ein großer Vorsatz scheint im Anfang toll;
Doch wollen wir des Zufalls künftig lachen,
Und so ein Hirn, das trefflich denken soll,
Wird künftig auch ein Denker machen.
(Entzückt die Phiole betrachtend.)
Das Glas erklingt von lieblicher Gewalt,
Es trübt, es klärt sich; also muß es werden!
Ich seh' in zierlicher Gestalt
Ein artig Männlein sich gebärden.
Was wollen wir, was will die Welt nun mehr?
Denn das Geheimnis liegt am Tage.
Gebt diesem Laute nur Gehör,
Er wird zur Stimme, wird zur Sprache.
Homunkulus *(in der Phiole zu Wagner).*
Nun Väterchen! wie steht's? Es war kein Scherz.
Komm, drücke mich recht zärtlich an dein Herz!
Doch nicht zu fest, damit das Glas nicht springe.
Das ist die Eigenschaft der Dinge:
Natürlichem genügt das Weltall kaum,
Was künstlich ist, verlangt geschloßnen Raum.

aus: Johann Wolfgang von Goethe, Faust. Der Tragödie zweiter Teil. Leipzig 1941, S. 66 f.

M 6 Das Gebäude

Die blaue Sonne war unter den Horizont gesunken, die rote Sonne stieg reich empor. Ein ungeheuer violetter Bogen wölbte sich dazwischen wie ein Dach. Fontain marschierte unten in der Kolonne. Von allen Seiten kamen sie, flexible graue Rechtecke, die sich gegen einen Punkt nach Westen bewegten: zur Brücke, die die Stadt mit der Insel verband. Polizeiroboter regelten den Verkehr.

Fontain war ein Maurer. Das heißt, er durfte die Steine übereinander schichten, die ihm die Träger aus den Feldern herbeischleppten. Mit einer Kelle schlug er den Plastikmörtel auf die offen liegenden Flächen, dann setzte er den nächsten Stein darauf.

Sie sprachen nicht während der Arbeit. Inspektionsroboter strichen unablässig hinter den Reihen der Schaffenden vorbei. Erst in ihrer Freizeit, in den wenigen Stunden der blauen Nacht, die ihnen vor dem Schlafen blieben, unterhielten sie sich darüber – über das Gebäude, das sie errichteten, wie sie darin leben würden, wenn es erst fertig wäre, wie angenehm sie es dann hätten. Jetzt reichte der Wohnraum gerade, jeder besaß eine Einheitswohnfläche – ihre Arbeit verhieß ihnen Platz im Überfluss.

Das Gebäude erstreckte sich weit nach allen Richtungen; noch keiner hatte die ganze Insel gesehen, und obwohl jeder täglich einen anderen Arbeitsplatz zugewiesen bekam, ahnte keiner, wie auch nur der Grundriss des Gebäudes aussah. Dazu waren ja die Roboter da.

Generationen hatten an dem Gebäude gearbeitet, und nun würde es bald fertig sein. In zehn Jahren? In zwanzig Jahren? Fontain hatte einmal einen Inspektionsroboter gefragt. Das hatte ihm drei Nächte Kältearrest eingebracht.

Er stand auf dem Gerüst und schichtete Stein auf Stein. Er hatte einen weiten Ausblick, doch sah er nur graue Mauern, bald höher, bald niedriger. Überall auf den Gerüsten waren Arbeiter am Werk. Und unten eilten die Träger mit ihren großen Körben hin und her.

Seit er sich erinnern konnte, war er täglich hier gewesen. Nie hatte er viel darüber nachgedacht. Aber jetzt, als er sich insgeheim umdrehte und über die endlosen Mauern blickte, kam ihm das Gebäude plötzlich wie etwas Übles vor und einen Moment schoss ihm ein frevlerischer Gedanke durch den Kopf: Diese Fundamente einreißen, diese Mauern der Erde gleichmachen – und ein sorgloses Leben in der alten Stadt führen! Das ging aber rasch vorüber. Schuldbewusst wandte sich Fontain seinen Steinen zu und arbeitete mit doppeltem Eifer weiter.

Das violette Leuchten über der Stadt zeigte den Morgen an – die letzten roten Strahlen verblassten, das Blau des Tages breitete sich aus.

Die Einwohner befanden sich auf ihrem Marsch nach Osten – zur Brücke, zur Insel, zur Stätte ihrer Arbeit. Was jenseits der Insel lag, wussten sie nicht. Dafür interessierte sich niemand. Sie hatten auch keine Zeit dafür. Wenn sie abends von der Arbeit heimkamen, waren sie todmüde. Sie nahmen die Speisen aus den Robotküchen zu sich und fielen in ihre Betten.

Hassan war Arbeiter. Das heißt, er meißelte Steine von den Mauern herunter. Das war ein mühsames Geschäft, denn sie waren mit einer glasharten Substanz verklebt. Es war immer noch besser als das der Träger, die das schwere Material tagaus tagein hinaus auf die Schuttplätze transportieren mussten.

Hassan hatte das angenehme Gefühl, eine wichtige Arbeit zu leisten. Er hätte die Roboterpolizei nicht nötig gehabt, die alle Arbeiter ständig kontrollierte. Wo sie ihn auch eingesetzt hatten, er hatte seine Arbeit getan, er hatte sein Soll erfüllt. Er hockte auf seinem Gerüst und schlug mit dem Hammer auf den Meißel los, dass es hell aufklang. In seinem Kopf war ein dumpfes Träumen, ein Hoffen auf schöne Zeiten, in denen der Platz freigelegt sein würde, und sie die hydroponischen Gärten anlegen würden. Jetzt reichte die Nahrung genau für die genormten Rationen – später würden sie essen und trinken, ohne Einschränkung, aus dem Überfluss heraus.

Mit einem Aufbäumen seines ganzen Körpers hatte Hassan wieder einen Stein weggebrochen. Der baumelte nun im Auffangnetz. Schon packte ihn ein Träger in seinen Korb.

Hassan strich sich den Schweiß aus der Stirn und sah über seine Mauer hinweg auf die ausgezackten Ränder der anderen, an denen seine Kameraden tätig waren. Wie hoch war das Gebäude einst gewesen? Ein Impuls zuckte durch sein Hirn, eine absurde Idee, eine Vision, aber erschreckend deutlich: Diese Mauern weiterbauen, immer höher, zu einem riesenhaften, mächtigen, alles beherrschenden Bauwerk vereinigen, von dessen Zinnen man die ganze Insel überblicken könnte! Doch schon wurde ihm das Unsinnige dieses Einfalls klar und Hassan setzte wieder den Meißel an, noch ein wenig verwirrt, aber ohne Zögern – mit der Sicherheit dessen, für den andere denken.

aus: Herbert W. Franke, Der grüne Komet. © Suhrkamp Verlag, Frankfurt am Main 1989, „Das Gebäude"

A3 Eugenik vor dem Nationalsozialismus

M 1 Der Staat

„Nach unseren Ergebnissen müssen die besten Männer mit den besten Frauen möglichst oft zusammenkommen, umgekehrt die schwächsten am wenigsten oft; die Kinder der einen muss man aufziehen, die anderen nicht, wenn die Herde möglichst auf der Höhe bleiben soll. Das alles muss aber geheim bleiben, außer bei den Herrschern, soll die Herde der Wächter möglichst ohne Hader leben."
„Sehr richtig!"
„Also müssen wir Feste und Opfer einrichten, bei denen wir Bräutigam und Braut zusammenführen, und unsere Dichter müssen passende Lieder dichten für die kommende Hochzeit. Die Zahl der Hochzeiten überantworten wir den Herrschern, damit sie die Zahl der Männer möglichst auf gleicher Höhe halten; dabei haben sie auf Krieg, Krankheiten und dergleichen Rücksicht zu nehmen; denn unser Staat soll, wenn möglich, weder zu klein noch zu groß werden."
„Richtig!"
„Geschickte Auslosungen müssen angeordnet werden, damit jener Schwächling bei jeder Paarung dem Zufall, nicht den Herrschern die Schuld gibt."
„Ganz gewiss!" „Den besten unter den jungen Männern in Krieg und Frieden ist neben Ehrengaben und anderen Preisen auch reichliche Gelegenheit zum Verkehr mit Frauen zu geben, damit diese unter solchem Vorwand möglichst viele Kinder zeugen."
„Richtig!"
„Um die jeweils geborenen Kinder nehmen sich dann die Behörden an, die dazu bestellt sind; sie bestehen aus Frauen oder Männern oder aus beiden gemischt – denn es gibt auch Ämter, die Männer und Frauen gemeinsam führen."
„Ja!"
„Sie übernehmen die Kinder der Tüchtigen und bringen sie in eine Anstalt zu Pflegerinnen, die abseits in einem Teil des Staates wohnen; die Kinder der Schwächeren oder irgendwie missgestaltete verbergen sie an einem geheimen und unbekannten Ort, wie es sich gehört."
„Wenn anders das Geschlecht der Wächter rein erhalten werden soll!"
„Sie werden sich auch um die Ernährung kümmern, die Mütter in das Säuglingsheim führen, wenn sie Milch haben, aber alle Vorsichtsmaßregeln treffen, dass keine ihr Kind erkennt, werden auch andere Frauen hinbringen, wenn jene zu wenig Milch haben; sie werden sich um die Mütter kümmern, dass sie nur mäßige Zeit säugen, während sie das Wachen und die anderen Mühen den Ammen und Wächterinnen übergeben."
„Du erleichterst den Frauen der Wächter das Kinderbekommen sehr!" [...]
„Für die Frauen beginnt die Zeit des Gebärens vom zwanzigsten Jahr bis zum vierzigsten Jahr, für den Mann die Zeugung für den Staat, sobald der schärfste Rausch der Jugend vorbei ist, bis zum fünfundfünfzigsten Jahr."
„Das ist für beide Geschlechter die Zeit ihrer körperlichen und geistigen Blüte."
„Wenn also ein Älterer oder ein Jüngerer sich an der Zeugung für den Staat beteiligt, dann werden wir dies als einen Fehltritt gegen Sitte und Recht bezeichnen; denn er setzt für den Staat ein Kind in die Welt, das – wenn es geheim bleibt – geboren wird nicht unter Opfern und Weihen, die bei allen Hochzeiten Priesterinnen und Priester und der ganze Staat beten, auf dass aus Guten Bessere, aus Wertvollen immer Wertvollere als Nachkommen hervorgehen, sondern das im Dunkel gezeugt ist als Kind übler Lustgier."
„Ganz richtig!"
„Dasselbe Gesetz", fuhr ich fort, „gilt auch, wenn ein Mann noch im zeugungsfähigen Alter, ohne dass ihn ein Herrscher verheiratet, sich an einer Frau in ihrer Blüte vergreift; denn er schafft dem Staate ein Kind, das wir einen Bastard nennen werden, illegitim und gegen die Sitte geboren."
„Sehr richtig!"
„Wenn aber Frauen und Männer das Zeugungsalter überschritten haben, dann lassen wir die Männer ungehindert verkehren, mit wem sie wollen, außer mit Tochter und Mutter und den Kindern der Töchter und den Müttern der Mütter, ebenso die Frauen außer mit dem Sohn und dem Vater und deren Vorfahren und Nachkommen. Und dies alles erst, nachdem wir ihnen befohlen haben, eine Frucht womöglich überhaupt nicht austragen zu wollen, wenn sie empfangen ist; wird sie aber trotz allem geboren, dann ist sie so zu behandeln, als ob für ein solches Kind keine Pflege vorhanden wäre."

aus: Platon, Der Staat, Fünftes Buch. © Reclam, Stuttgart 1958, S. 246 ff.

M 2 Eugenik

Der Begriff „Eugenik" für die Wissenschaft, die sich die Verbesserung des Erbgutes zum Ziel gesetzt hat, wurde 1883 von dem britischen Naturwissenschaftler Galton eingeführt. Ziel der Eugenik ist die Sicherung und Förderung günstiger Erbanlagen in der menschlichen Population (positive Eugenik) sowie die Verhinderung der Ausbreitung nachteiliger Gene (negative Eugenik). In Deutschland wurde etwa seit der Jahrhundertwende vorwiegend der Begriff „Rassenhygiene" für Eugenik benutzt, wodurch das Ziel der Höherentwicklung eines bestimmten Teils der Bevölkerung hervorgehoben wird.

(Der Autor)

M 3 Die Fortpflanzung der Schwachen

Unter den Wilden werden die an Körper und Geist Schwachen bald eliminiert; die Überlebenden sind gewöhnlich von kräftigster Gesundheit. Wir zivilisierten Menschen dagegen tun alles mögliche, um diese Ausscheidung zu verhindern. Infolgedessen können auch die schwachen Individuen der zivilisierten Völker ihre Art fortpflanzen. Niemand, der etwas von der Zucht von Haustieren kennt, wird daran zweifeln, dass dies äußerst nachteilig für die Rasse ist. Es ist überraschend, wie bald Mangel an Sorgfalt, oder auch übel angebrachte Sorgfalt, zur Degeneration einer domestizierten Rasse führt; ausgenommen im Falle der Menschen selbst wird auch niemand so töricht sein, seinen schlechtesten Tieren die Fortpflanzung zu gestatten.

aus: Charles Darwin, Die Abstammung des Menschen.
© Reclam, Stuttgart 1982, S. 171 f.

M 4

aus: Peter Weingart u.a., Rasse, Blut und Gene. Suhrkamp Verlag, Frankfurt/M. 1988

A3 Eugenik vor dem Nationalsozialismus

M 5 Ein Rassenhygiene-Programm

1. Alle menschliche Leistung, des Einzelnen wie der Völker, erwächst auf der Grundlage der erblichen Veranlagung.
2. Die größte Gefahr für ein Volk ist die Entartung, d. h. die Verarmung an wertvollen Erbanlagen. Entartung tritt ein, wenn die tüchtigen Volksgenossen weniger Kinder haben als die minder tüchtigen.
3. Die wesentlichste Aufgabe der Rassenhygiene oder Eugenik ist die Erhaltung der wertvollen Erbstämme in allen Volksschichten. Ein gesicherter Bestand an fest gefügten Familien ist eine unentbehrliche Grundlage für das Gedeihen eines Volkes. Tendenzen, die auf eine Lockerung von Ehe und Familie hinauslaufen, sind als volksfeindlich zu verwerfen.
4. Die Geburtenzahl in den erbtüchtigen Familien des deutschen Volkes reicht nicht mehr zur Erhaltung des Bestandes aus. Wenn das deutsche Volk eine Zukunft haben will, muss daher die Geburtenzahl in diesen Familien zunehmen.
5. Entscheidend für die Erhaltung der erbtüchtigen Familien ist, zumal bei der wirtschaftlichen Enge der Gegenwart, ein Ausgleich der Familienlasten. Ein gangbarer Weg besteht zunächst in einem ausgiebigen prozentualen Steuernachlass für Frau und Kinder bei entsprechend höherer Steuerbelastung der Kinderlosen und Kinderarmen. Von der Erbschaftssteuer müssen Familien mit drei oder mehr Kindern ganz befreit werden.
6. Ein zweiter Weg zum Ausgleich der Familienlasten kann in der Richtung beschritten werden, dass alle Volksgenossen nach Maßgabe ihres Einkommens Beiträge in eine Kasse zahlen, aus der die Familien je nach der Kinderzahl und dem Einkommen Zulagen erhalten. Allgemein gleiche Kindergelder dagegen sind vom Standpunkt der Eugenik abzulehnen, da sie vorzugsweise die Fortpflanzung der Minderleistungsfähigen fördern.

[...]

8. Besonders wichtig ist ein Ausgleich der Familienlasten für die bodenständigen ländlichen Familien. Wenn auch diese ihren Bestand nicht mehr erhalten, hat unser Volk keine Zukunft mehr. Großzügige bäuerliche Siedlung ist zumal für den deutschen Osten unerlässlich. Eugenisch besonders wirksam wären Siedlungen, deren Erbrecht an das Vorhandensein von vier oder mehr Kindern gebunden wäre (bäuerliche Lehen). Voraussetzung für jede Siedlung sollte die Auslese nach eugenischen Gesichtspunkten sein.

[...]

10. Alle, die heiraten wollen, sollen gehalten sein, sich rechtzeitig durch einen sachverständigen Arzt (Eheberater) untersuchen und eugenisch beraten zu lassen. Menschen aus erbtüchtigen Familien sollten nur in erbtüchtige Familien heiraten und möglichst viele Kinder haben.
11. Die Fortpflanzung von Menschen, von denen minderwertiger Nachwuchs zu erwarten ist, ist möglichst zu verhüten. Ein geeignetes Mittel, die Fortpflanzung Untüchtiger zu verhüten, ist die Sterilisierung (Unfruchtbarmachung), die mit Zustimmung der betreffenden Person oder ihrer gesetzlichen Vertreter auszuführen wäre. Die Sterilisierung gesunder und tüchtiger Menschen sollte gesetzlich verboten werden. Eine Asylierung, die die Bewahrung für die Dauer der Fortpflanzungsfähigkeit nicht einschließt, ist eugenisch bedeutungslos.
12. Die Ausgaben für hoffnungslos erblich Belastete stehen in keinem Verhältnis mehr zu den Mitteln, die den erbtüchtigen Familien im Durchschnitt zur Verfügung stehen. Daher ist eine eugenische Orientierung der Wohlfahrtspflege notwendig. Die aus der Arbeit der Tüchtigen gewonnenen Mittel müssen in erster Linie für vorbeugende Fürsorge verwendet werden.
13. Eine unerlässliche Voraussetzung für die Erreichung der Ziele der Rassenhygiene ist die eugenische Belehrung und Erziehung. In allen Schulen, die von Jugendlichen des entsprechenden Alters besucht werden, ist ausreichender eugenisch gerichteter biologischer Unterricht einzuführen. An allen Hochschulen sind Lehrstühle und Forschungsmöglichkeiten für menschliche Erblehre und Rassenhygiene (Eugenik) zu schaffen. Die Eugenik muss Lehr- und Prüfungsgegenstand für Mediziner und für alle anderen Berufe werden, die zur geistigen Führung des Volkes berufen sind.
14. Von entscheidender Bedeutung ist die Erneuerung der Lebensanschauung im Sinne eugenischen Verantwortungsbewusstseins. Das Blühen der Familie bis in ferne Geschlechter muss von allen Einsichtigen als das höchste Gut eines Volkes erkannt werden, für dessen Erhaltung der Staat trotz der Not der Gegenwart sich mit allen Kräften einzusetzen hat.

aus: Leitsätze der Deutschen Gesellschaft für Rassenhygiene (Eugenik) 1931, zit. nach: O. Frhr. von Verschuer, Eugenik. Luther Verlag, Witten 1966, S. 18 f.

Eugenik vor dem Nationalsozialismus A3

M 6

Eugenics Congress Announcement
Number 1. History and Purpose of the Congress.

EUGENICS

EUGENICS IS THE SELF DIRECTION OF HUMAN EVOLUTION.

LIKE A TREE EUGENICS DRAWS ITS MATERIALS FROM MANY SOURCES AND ORGANIZES THEM INTO AN HARMONIOUS ENTITY.

Third International Eugenics Congress
New York City, August 21-23, 1932

aus: Peter Weingart u. a., Rasse, Blut und Gene. Suhrkamp Verlag, Frankfurt/M. 1988

M 7 Entschließung des Preußischen Staatsrates vom 20. Januar 1932

In der Erkenntnis, dass der Geburtenrückgang in der erbgesunden, familiär verantwortungsbewussten Bevölkerung sich besonders stark auswirkt und dass die Aufwendungen für Menschen mit erbbedingten, körperlichen oder geistigen Schäden schon jetzt eine für unsere Wirtschaftslage untragbare Höhe erreicht haben, wird das Staatsministerium ersucht,
a) in Fühlungnahme mit den dazu berufenen Stellen (Ärzten, Pädagogen, Theologen) Maßnahmen zu treffen, um den anerkannten Lehren der Eugenik eine größere Verbreitung und Beachtung zu verschaffen,
b) zu veranlassen, dass mit möglichster Beschleunigung die von den Gemeinden, Kreisen, Provinzen und dem Staate für die Pflege und Förderung der geistig und körperlich Minderwertigen aufzuwendenden Kosten auf dasjenige Maß herabgesenkt werden, das von einem völlig verarmten Volke noch getragen werden kann.

aus: J.-C. Kaiser, K. Nowak, M. Schwartz (Hg.), Eugenik, Sterilisation, „Euthanasie". Buchverlag Union, Berlin 1992, S. 64 f.
© J.-C. Kaiser, K. Nowak, M. Schwartz

A4 Nationalsozialismus und Eugenik

M 1 Die Aufgaben des völkischen Staates

Nein, es gibt nur ein heiligstes Menschenrecht und dieses Recht ist zugleich die heiligste Verpflichtung, nämlich dafür zu sorgen, dass das Blut rein erhalten bleibt, um durch die Bewahrung des besten Menschentums die Möglichkeit einer edleren Entwicklung dieser Wesen zu geben.

Ein völkischer Staat wird damit in erster Linie die Ehe aus dem Niveau einer dauernden Rassenschande herauszuheben haben, um ihr die Weihe jener Institution zu geben, die berufen ist Ebenbilder des Herrn zu zeugen und nicht Missgeburten zwischen Mensch und Affe. [...]

(Der völkische Staat) hat die Rasse in den Mittelpunkt des allgemeinen Lebens zu setzen. Er hat für ihre Reinerhaltung zu sorgen. Er hat das Kind zum kostbarsten Gut eines Volkes zu erklären. Er muss dafür Sorge tragen, dass nur wer gesund ist, Kinder zeugt; dass es nur eine Schande gibt: bei eigener Krankheit und eigenen Mängeln dennoch Kinder in die Welt zu setzen, doch eine höchste Ehre: darauf zu verzichten. Umgekehrt aber muss es als verwerflich gelten, gesunde Kinder der Nation vorzuenthalten. Der Staat muss dabei als Wahrer einer tausendjährigen Zukunft auftreten, dem gegenüber der Wunsch und die Eigenschaft des Einzelnen als nichts erscheinen und sich zu beugen haben. Er hat die modernsten ärztlichen Hilfsmittel in den Dienst dieser Erkenntnis zu stellen. Er hat, was irgendwie ersichtlich krank und erblich belastet und damit weiter belastend ist, zeugungsunfähig zu erklären und dies auch praktisch durchzusetzen. Er hat umgekehrt dafür zu sorgen, dass die Fruchtbarkeit des gesunden Weibes nicht beschränkt wird durch finanzielle Luderwirtschaft eines Staatsregiments, das den Kindersegen zu einem Fluch für die Eltern gestaltet. Er hat mit jener faulen, ja verbrecherischen Gleichgültigkeit, mit der man heute die sozialen Voraussetzungen einer kinderreichen Familie behandelt, aufzuräumen und muss sich an die Stelle dessen als oberster Schirmherr dieses köstlichen Segens eines Volkes fühlen. Seine Sorge gehört mehr dem Kinde als dem Erwachsenen. Wer körperlich und geistig nicht gesund und würdig ist, darf sein Leid nicht im Körper seines Kindes verewigen. Der völkische Staat hat hier die ungeheuerste Erziehungsarbeit zu leisten. Sie wird aber dereinst auch als eine größere Tat erscheinen, als es die siegreichsten Kriege unseres heutigen bürgerlichen Zeitalters sind.

aus: Adolf Hitler, Mein Kampf, 213/217. Aufl., München 1936, S. 444 f., S. 446 f.

M 2 Gesetz zur Verhütung erbkranken Nachwuchses vom 14. Juli 1933

§ 1
(1) Wer erbkrank ist, kann durch chirurgischen Eingriff unfruchtbar gemacht (sterilisiert) werden, wenn nach den Erfahrungen der ärztlichen Wissenschaft mit großer Wahrscheinlichkeit zu erwarten ist, dass seine Nachkommen an schweren körperlichen und geistigen Erbschäden leiden werden.
(2) Erbkrank im Sinne dieses Gesetzes ist, wer an den folgenden Krankheiten leidet:
1. Angeborenem Schwachsinn,
2. Schizophrenie,
3. Zirkulärem (manisch-depressivem) Irresein,
4. Erblicher Fallsucht,
5. Erblichem Veitstanz (Huntingtonsche Chorea),
6. Erblicher Blindheit,
7. Erblicher Taubheit,
8. Schwerer erblicher körperlicher Missbildung.
(3) Ferner kann unfruchtbar gemacht werden, wer an schwerem Alkoholismus leidet.

aus: D. Pfäfflin, Zwangssterilisation in Hamburg, in: Angelika Ebbinghaus u. a. (Hg.), Heilen und Vernichten im Mustergau Hamburg. Bevölkerungs- und Gesundheitspolitik im Dritten Reich. Konkret Literatur Verlag, Hamburg 1984, S. 27. © Stiftung für Sozialgeschichte des 20. Jahrhunderts, Bremen

Nationalsozialismus und Eugenik A4

M 3

Deutschlands
Nachwuchs –
so …

… oder so

M 4

Dieser Pfleger, ein gesunder kraftvoller Mensch, ist nur dazu da, um diesen einen gemeingefährlichen Irren zu betreuen. Müssen wir uns dieses Bildes nicht schämen?!

M 3 und 4 aus: P. Weingart u. a., Rasse, Blut und Gene. Suhrkamp Verlag, Frankfurt/M. 1988

A4 Nationalsozialismus und Eugenik

M 5 Vier Grundgesetze der Rassenhygiene im nationalsozialistischen Staat

Gesundheitspflege (Hygiene) darf sich nicht nur auf die z. Zt. lebende Generation beschränken, sondern hat auch für die Gesundheit der kommenden Geschlechter zu sorgen. Im nationalsozialistischen Staat, der in der Neuzeit zum ersten Male wieder die rassische Zusammensetzung des Volkes berücksichtigt, sind Rassenhygiene und Bevölkerungspolitik in den Vordergrund aller innenpolitischen Maßnahmen gerückt. Die in der Natur herrschenden vier Grundgesetze, die allein imstande sind, den Bestand und die Gesundheit eines Volkes zu erhalten, finden heute wieder Beachtung. Einmal ist eine überschießende Fruchtbarkeit notwendig, um die Gesunden und Tüchtigen, die dem Kampf ums Dasein unterliegen, zu ersetzen. Dieser Kampf ums Dasein wird in der Natur jedenfalls alles Minderwertige ausmerzen und überhaupt nur die hochwertigen Individuen zur Fortpflanzung gelangen lassen. Eine solche Auslese der Hochwertigen (das 2. Grundgesetz) ist allein geeignet, auch eine Höherentwicklung einer Rasse zu bewirken. Das 3. Grundgesetz, die Ausmerzung der Minderwertigen durch Ausschaltung von der Fortpflanzung, lässt die Erbfehler verschwinden und erhält somit die Volksgesundheit. Als 4. Grundgesetz muss das natürliche Streben nach Rassenhygiene gelten; denn jede Rassenvermischung schafft Wesensspaltung und verwischt die besten durch die Bodenverbundenheit bedingten nationalen und aus dem Rassenbewusstsein erwachsenden sozialen Eigenschaften in zunehmendem Maße. Alle bevölkerungspolitischen und rassenhygienischen Maßnahmen des nationalistischen Staates suchen einer noch weiteren Entfernung des deutschen Volkes von jenen vier Leben und Gesundheit spendenden naturhaften Grundgesetzen entgegenzuwirken.

„Ärztlicher Verein zu Marburg. Sitzung vom 10. Januar 1934", in: Münch. med. Wschr. 81 (1934) vom 16. 2. 1934, S. 268

M 6 Positive Eugenik

1937 nannte Hitler auf dem Parteitag in Nürnberg die „Schaffung eines neuen Menschen und neuen Volkes" als Ziel seiner Politik. Der „neue Mensch" sollte, wie in zahlreichen Publikationen demonstriert, blond, hoch gewachsen, langschädlig und schmalgesichtig sein sowie ein ausgeprägtes Kinn, blaue Augen und rosig-weiße Hautfarbe besitzen. Zur Schaffung dieses Menschen sollten Organisationen wie die SS und „Lebensborn" dienen.
Die SS war nicht nur eine einflussreiche politische Organisation, sondern in ihr sollten auch die Männer zusammengefasst werden, die im NS-Staat als Züchtungsideal galten. Im SS-Befehl A-Nr. 65 vom 31. 12. 1931 hieß es: „Das erstrebte Ziel ist die erbgesundheitlich wertvolle Sippe deutscher und nordisch bestimmter Art."
Das Pendant zu dieser Männerorganisation war „Lebensborn e. V." für die Frauen. Dieser 1935 auf Initiative von Himmler gegründete und von ihm geführte Verein sollte werdenden Müttern, die den rassischen Ansprüchen der Nationalsozialisten entsprachen, dazu verhelfen, ihre Kinder aufzuziehen und zur unehelichen Kinderzeugung ermutigen. In einem Befehl vom 28. 10. 1939 schrieb Himmler, es könne jenseits der Grenzen der bürgerlichen Gesetze notwendig sein, wenn deutsche Frauen und Mädchen guten Blutes „in tiefstem Ernst" mit den ins Feld ziehenden Soldaten Kinder zeugten und das Schicksal allein wisse, ob diese Soldaten heimkehrten oder für Deutschland fielen.
Himmler forderte auch das Institut der „Hohen Frau". Blond-blauäugige Frauen sollten nach einer qualifizierten Ausbildung und bestandenen Prüfung mit dem Titel „Hohe Frau" ausgezeichnet werden: Die Parteiführer sollten dann die Möglichkeit haben, sich von ihren Frauen zu trennen und sich eine „Hohe Frau" auszusuchen.
Trotz aller Bemühungen von Himmler waren die Versuche, die Geburtenfreudigkeit lediger Mütter zu heben, ebenso wenig erfolgreich wie die Bemühungen, das SS-Personal zu erhöhter Fruchtbarkeit zu animieren. 1939 hatten die Familien von SS-Angehörigen im Durchschnitt nur 1,1 Kinder, verheiratete SS-Führer 1,5 Kinder.

(Der Autor)

Evangelische Kirche und Eugenik A 5

M 1 Die Innere Mission zur Eugenik (1931)

Mit Nachdruck ist darauf hinzuweisen, dass erbbiologische Gesundheit nicht mit „Hochwertigkeit" identisch ist. Die Erfahrung aller Zeiten lehrt vielmehr, dass auch körperlich und geistig Gebrechliche ethisch und sozial hochwertige Menschen sein können. Die Strukturwandlungen innerhalb unseres Bevölkerungsaufbaues und die quantitative wie qualitative Änderung der Bevölkerungsvermehrung, die vor allem in der Schrumpfung der durchschnittlichen Familiengröße bei den Gruppen der erbbiologisch und sozial Tüchtigen und Leistungsfähigen zum Ausdruck kommt, lassen aber eine eugenetische Neuorientierung unserer öffentlichen und freien Wohlfahrtspflege dringend erforderlich erscheinen. An die Stelle einer unterschiedslosen Wohlfahrtspflege hat eine differenzierte Fürsorge zu treten. Erhebliche Aufwendungen sollten nur für solche Gruppen Fürsorgebedürftiger gemacht werden, die voraussichtlich ihre volle Leistungsfähigkeit wieder erlangen. Für alle übrigen sind dagegen die wohlfahrtspflegerischen Leistungen und menschenwürdige Versorgung und Bewahrung zu begrenzen. Träger erblicher Anlagen, die Ursache sozialer Minderwertigkeit und Fürsorgebedürftigkeit sind, sollten tunlichst von der Fortpflanzung ausgeschlossen werden. [...]

Vom Standpunkt des Gemeinwohles ist zu bedenken, dass es in unserer menschlichen Gesellschaft viel größere Schädlinge gibt als die körperlich und geistig Gebrechlichen (z. B. Bordellhalter). Soll alles leibliche Elend nicht ein Hinweis darauf sein, dass die gegenwärtige Welt nicht das Letzte ist, sondern eine gewaltige Schule der Barmherzigkeit? Erschütternd wie kaum etwas, mahnt der Anblick dieser Siechen und Elenden den Gesunden, seinen Leib unversehrt und rein zu erhalten und sich der tiefen Verantwortung bei der Familiengründung bewusst zu werden. Wir wollen nicht die Opfer von Schuld und Sünde beseitigen, sondern sie zu verhüten trachten und der Entstehung kranken Lebens vorbeugen.

Die ärztliche Ethik fordert unbedingte Hilfsbereitschaft. Eine gesetzliche Freigabe der Vernichtung lebensunwerten Lebens würde nicht nur bedenklichste Missbräuche begünstigen, sie würde auch weithin die Grundlagen ärztlichen Handelns, das auf Vertrauen aufbaut, erschüttern.

Die künstliche Fortschleppung erlöschenden Lebens kann aber ebenso ein Eingriff in den göttlichen Schöpferwillen sein wie die Euthanasie – d. h. die künstliche Abkürzung einer körperlichen Auflösung. [...] Die Berechtigung der operativen Unfruchtbarmachung erbbiologisch schwer Belasteter ist sowohl vom religiös-sittlichen Standpunkt wie im Hinblick auf das geltende Recht zu betrachten.

Gott gab dem Menschen Seele wie Leib, er gab ihm die Verantwortung für beides – nicht aber ein Recht, nach freiem Belieben damit zu schalten. Scharf ist deshalb die häufige missbräuchliche Vornahme sterilisierender Eingriffe zu geißeln, die als Maßnahme der Geburtenregelung egoistischen Beweggründen entspringt. Dennoch fordert das Evangelium nicht die unbedingte Unversehrtheit des Leibes. Führen seine von Gott gegebenen Funktionen zum Bösen oder zur Zerstörung seines Reiches in diesem oder jenem Glied der Gemeinschaft, so besteht nicht nur ein Recht, sondern eine sittliche Pflicht zur Sterilisierung aus Nächstenliebe und der Verantwortung, die uns nicht nur für die gewordene, sondern auch für die kommende Generation auferlegt ist. Die Konferenz ist deshalb der Meinung, dass in gewissen Fällen die Forderung zur künstlichen Unfruchtbarmachung religiös-sittlich als gerechtfertigt anzusehen ist. In jedem Falle aber legt eine solche Entscheidung schwere Verantwortung auf das Gewissen der Verantwortlichen, sie sollte nur da gefasst werden, wo unter gegebenen Umständen das Ziel einer Ausschaltung von der Fortpflanzung anders nicht erreicht werden kann. [...]

aus: Ergebnis der Fachkonferenz für Eugenik des Centralausschusses der Inneren Mission vom 20. 5. 1931 in Treysa, zit. nach Ernst Klee (Hg.), Dokumente zur „Euthanasie". © Fischer Taschenbuch Verlag, Frankfurt am Main 1985, S. 46 ff.

M 2 Die seelsorgerische Betreuung Sterilisierter und zu Sterilisierender

Wenn das Gesetz zur Verhütung erbkranken Nachwuchses zu der erhofften Wirkung kommen soll, so muss es vor allen Dingen vom Volk selbst und seinen einzelnen Gliedern richtig getragen werden. In dieser Hinsicht muss sich unsere Aufmerksamkeit zunächst den Menschen zuwenden, an denen das Gesetz vollzogen wird. Und ich glaube, wir kommen an die Lösung dieser Fragen und an die richtige Behandlung nur heran, wenn wir den Eingriff bei einem einzelnen Menschen als ein Schicksal verstehen, das ihm auferlegt wird, und das er nun tragen muss durch sein ganzes Leben hin. [...]

Die Wege biologischen Denkens, die in mannigfacher Form heute die Anschauung unseres Volkes beherrschen, bergen die Gefahr in sich, dass man den *Wert* eines Menschenlebens biologischen Klassifizierungen unterwirft und dass jene oben ausgesprochenen Schlagworte gebraucht werden, um einen Menschen

A 5 Evangelische Kirche und Eugenik

endgültig abzutun, wobei wir uns ja klar sein müssen, wie schwer es für einen Laien ist, biologische Feststellungen zu machen. Darum hat die evangelische Kirche außerdem die große und wichtige Aufgabe, zu den Gesunden zu gehen und ihnen zu sagen und zu zeigen, dass die Sterilisierten nicht zweitklassige Deutsche sind, sondern dass ein Urteil, das über den Wert eines Menschen gefällt wird, nur von seinem Gesamtverhalten abgeleitet werden darf. Wir in der evangelischen Kirche müssen andere Wertmaßstäbe verkünden, damit im deutschen Volk fortan nicht allein biologische Fähigkeiten oder Mängel angeschaut, für maßgebend gehalten werden, sondern seine Gesamthaltung als Mensch, als Christ, als Volksgenosse, ganz gleich, ob dieser Mensch sterilisiert ist oder nicht. Wenn der Betreffende, der unfruchtbar gemacht werden soll, sich wirklich durchgerungen hat, ein schweres Opfer für sein Volk zu bringen, so ist dies Opfer der Ehre wert. Ein solcher Mensch trägt Ehre in sich, und Ehre, dem Ehre gebührt; er ist durch seinen Entschluss sogar herausgehoben aus der Masse der Menschen, von denen kein Opfer gefordert wird, und es besteht kein Zweifel darüber, dass wir diesen Menschen Ehrfurcht schuldig sind. Das ist nicht so gemeint, dass wir es ihnen sagen und zeigen müssten, sondern es liegt in der Art, wie wir ihnen begegnen, und wie wir ihr Schicksal mit ihnen tragen. [...]
Wir können unseren Schützlingen zeigen, dass es im Evangelium den Begriff lebensunwertes Leben nicht gibt, dass dort ein anderer Maßstab gilt: der Glaube und dass es Gott keineswegs darauf ankomme, in welcher Hülle dieser Glaube vor ihn tritt. „Lass dir an meiner Gnade genügen, denn meine Kraft ist in den Schwachen mächtig." Dieser Ruf wird jetzt für manches Mädchen zur Wirklichkeit und diesen Beweis für das Evangelium erleben nun gerade die, die am tiefsten in ihrem Volk stehen und nun in ihrem Tiefstand den Weg zu Wahrheit und Leben finden können. Das Evangelium umfasst den ganzen Menschen, in ihm wird auch der Schwache nach seinen Gaben und Möglichkeiten geschätzt. Und der, der um seine Erlösungsbedürftigkeit am bittersten weiß, ersehnt und fasst am ehesten die Hand, die sich ihm voll Liebe bietet. Er weiß dann, dass Jesus gerade den Elenden gestorben und auferstanden ist. Das gibt Kraft zu dem Opfer und so kann der Fluch zum Segen werden. Darum ist dies eigentlich die letzte und höchste Möglichkeit, die uns in die Hand gegeben ist, unseren Schützlingen zu einer anderen Einstellung ihrem Los gegenüber zu verhelfen: eine stille Verkündigung durch die Tat und durch wenige Worte, die aber dann desto endgültiger befreien und desto tiefer haften sollen. Es entsteht dann auch für uns ein großer Gewinn, den mancher von uns erlebt haben mag, wenn wir an solche Gespräche denken: Die Gewissheit, die zu einer leuchtenden Herrlichkeit wird, dass denen, die Gott lieben, alle Dinge zum Besten dienen.
Dies ist der uns gespendete Trost, dass auch das Schwere, das unseren Schützlingen widerfährt, zum Segen werden kann. Hierin liegt die große Verheißung und Beruhigung, die uns gegeben wird und hier liegt gleichzeitig die Antwort auf die schweren und bangen Fragen unserer Mädchen. Der Einbruch des Gesetzes in das Leben eines solchen Mädchens ist aufrüttelnd und kann alles erschüttern und alles durchdringen. Sehr oft aber wird ein in die Verkündigung führendes Gespräch eine Befreiung aus dem Einerlei eines trübsinnig hingelebten Daseins sein können, in das in tiefster Liebe helfend eingegriffen wird.

aus: H. Harmsen (Hg.), Das Gesetz zur Verhütung erbkranken Nachwuchses. Eine Handreichung der in den ev. Anstalten und in der Wohlfahrtspflege wirkenden Kräfte, Berlin 1937, S. 36 ff.

M 3 Eine Entschließung an den Reichsinnenminister

Hochverehrter Herr Reichsinnenminister,
ich habe die Ehre, ihnen anliegend eine Entscheidung zu überreichen, die unser Hauptausschuss in seiner Sitzung vom 18. Dezember einstimmig zur Frage der Schwangerschaftsunterbrechung Erbbelasteter bei gleichzeitiger Unfruchtbarmachung gefasst hat.
Wir haben freudig das Gesetz zur Verhütung erbkranken Nachwuchses begrüßt, weil die rechtliche Ordnung der von uns seit Jahren in der Inneren Mission bestehenden Forderung zur Unfruchtbarmachung erblich Schwerbelasteter entsprach. Mit Nachdruck haben sich alle unsere evangelischen Anstalten für die reibungslose Ausführung des Gesetzes eingesetzt. Aus der Verantwortung für die auch künftige Durchführung des Gesetzes halten wir uns aber verpflichtet, unserer ernsten Sorge Ausdruck zu geben, die die Ausdehnung des Gesetzes durch die Schwangerschaftsunterbrechung möglicherweise erbbelasteter Kinder auslöst. Eine Preisgabe der Vernichtung möglicherweise erbbelasteten Lebens wird für alle im christlichen Glauben gebundenen Gewissen eine untragbare Belastung darstellen und nicht ohne Rückwirkungen auf alle anderen rassenhygienischen Bestrebungen sein. [...]

Präsident Constantin Frick, Centralausschuss für Innere Mission, an Reichsinnenminister Wilhelm Frick am 20. 12. 1934, aus: J.-C. Kaiser, K. Nowak, M. Schwartz (Hg.), Eugenik Sterilisation, „Euthanasie". Buchverlag Union, Berlin 1992, S. 174 f.
© J.-C. Kaiser, K. Nowak, M. Schwartz

Evangelische Kirche und Eugenik A 5

M 4 Vergangenheitsbewältigung in der evangelischen Kirche

Im Dritten Reich waren die Gemeinden und kirchlichen Einrichtungen, wenn es um Widerstand gegen das staatliche Verbrechen ging, wie gelähmt, weil sie sich der langen geistigen Vorgeschichte nicht entziehen konnten und meinten, dem Staat auch in dieser Frage Gehorsam zu schulden.
- Kirchliche Einrichtungen wirkten bei der Zwangssterilisierung mit und waren meistens hilflos gegenüber dem staatlich verordneten Mord an ihren Bewohnern, als diese, wie es hieß, „verlegt" wurden.
- Wesentlichen Widerstand Einzelner gab es erst beim Übergreifen der so genannten Euthanasie-Aktion auf die eigenen Einrichtungen. [...]

Im Blick auf diese Vergangenheit und im Hören auf das Zeugnis der Heiligen Schrift bekennen wir:

Wir glauben, dass Gott uns im leidenden Gottesknecht begegnet, „ohne Gestalt und Hoheit", „voller Schmerzen und Krankheit" (Jes. 53).

Wir glauben, dass Gott den Menschen als sein Ebenbild geschaffen hat (Gen. 1,26; 9,6). Diese biblische Grundaussage ist durch Jesus Christus bekräftigt: Er, der Erstgeborene der ganzen Schöpfung und von den Toten, ist Gottes Ebenbild allen Menschen zugute (Kol. 1,15–20). Dieser Zuspruch schließt jeden Menschen ein (Röm. 15,7). Der unsere Krankheit trug und unsere Schmerzen auf sich lud (Jes. 53,4; Mt. 8,17), hat auch bei schwachen, kranken und behinderten Menschen wahres Menschsein erkennen lassen, denn für alle Menschen gilt: „Meine Kraft ist in den Schwachen mächtig" (2. Kor. 12,9).

Der gekreuzigte Jesus Christus ist also der kritische Maßstab, an dem wir alle Menschenbilder zu messen haben. Als der Weltenrichter ist er eins mit den Hilfsbedürftigen (Mt. 25).

Wir erkennen, dass dem Menschen seine Würde von Gott beigelegt und darum unantastbar ist, dass sie also nicht in seinen Fähigkeiten und Leistungen begründet ist. Wer von Menschen geboren ist, ist Mensch, mögen seine Fähigkeiten und Möglichkeiten noch so eingeschränkt sein.

Wir erkennen, dass Leiden den Menschen nicht erniedrigt und Leistung den Menschen nicht erhöht; dass zu unserem Menschsein gehört, wie von Gott so auch von Mitmenschen angenommen zu werden; dass also brüderliche und schwesterliche Zusammengehörigkeit alle Menschen verbindet, gesunde und kranke, starke und schwache, nicht behinderte und behinderte, hilfsbereite und hilfsbedürftige.

Wir bekennen, dass wir in unserer Kirche diesen Zuspruch des Evangeliums nur unzulänglich bedacht und ernst genommen haben und darum den menschenverachtenden Ideologien, die die Vernichtung behinderter und kranker Menschen geistig vorbereiteten, nicht deutlich genug entgegen getreten sind. Wir bekennen, dass wir in unserer Kirche zu wenig Widerstand gegen die Zwangssterilisierung, die Ermordung kranker und behinderter Menschen und gegen unmenschliche Menschenversuche geleistet haben. Wir bitten die überlebenden Opfer und die hinterbliebenen Angehörigen der Ermordeten um Vergebung.

aus: Landessynode 1985. Materialien für den Dienst in der Ev. Kirche von Westfalen, Heft 23, S. 48 f. © Ev. Kirche von Westfalen, Bielefeld

A6 Katholische Kirche und Eugenik

M 1 Gesetzliche Sterilisierung Geisteskranker

Die Ergebnisse unserer Arbeit sind folgende:
1. Gewisse erblich belastete Geisteskranke und Verbrecher können zum großen Teil nur minderwertige Kinder erzeugen. Deswegen, und auch weil sie die Kinder nicht erziehen könnten, verlieren sie das Recht zum Zeugen. Da sie selber aber nicht fähig sind, ihr Triebleben zu beherrschen, müssen die Geistesgesunden, muss die Gesellschaft für sie die Verantwortung übernehmen.
2. Die minderwertige Nachkommenschaft Geisteskranker könnte für manchen Staat eine Gefahr bedeuten. In diesem Fall muss dem Staate grundsätzlich das Recht eingeräumt werden, zu seinem Schutz die Zeugung geisteskranker und verbrecherischer Kinder zu verhindern, im Notfall sogar mit Gewaltmaßnahmen.
3. Eines der Mittel ist die Unfruchtbarmachung oder Sterilisierung. Sie käme auf jeden Fall erst als letztes Mittel in Betracht, wenn alle anderen Maßregeln untauglich oder unmöglich wären. Reicht die Asylierung aus, so ist die Sterilisierung auf jeden Fall unerlaubt.
4. Auf die Frage nach der sittlichen Erlaubtheit der gesetzlichen Sterilisierung Geisteskranker sollte in unserer Abhandlung eine doppelte Antwort gegeben werden: eine rein grundsätzliche und eine praktische.

I. Grundsätzliches Urteil

[…] Schon rein theoretisch wurden der bedingt erlaubten gesetzlichen Sterilisierung enge Grenzen gezogen. Sie erscheint nur dann sittlich erlaubt und in sich gut, wenn sie durch die Notwendigkeit für das bonum commune in die Sphäre des sittlich Guten erhoben wird. Es muss also ein Notstand der Gesellschaft vorhanden sein; es muss nachgewiesen werden, dass dieser Notstand tatsächlich durch die Vermehrung der Geisteskranken und durch die beständige qualitative Verschlechterung des Erbgutes im Volke herbeigeführt wurde und geeignet ist, allmählich zum Untergang oder doch Niedergang des Gemeinwesens zu führen. Darum muss ferner vor jeder derartigen Maßnahme die Vererbung der Geisteskranken und ihr schädlicher Einfluss auf das Volkswohl wissenschaftlich sichergestellt sein. Und selbst dann kann die Sterilisierung nur in dem Falle als erlaubt gelten, wenn mildere Eingriffe in die Rechte der Geisteskranken, z. B. die Asylierung, als nicht möglich oder nicht ausreichend erwiesen sind. Endlich muss sie wirklich durchführbar sein und auch ihren Zweck: die Rettung oder den Schutz der Gesellschaft, tatsächlich erreichen.

II. Praktisches Urteil

[…]
2. Auf der anderen Seite konnten wir uns der Wirklichkeit des Problems für die medizinelle Bekämpfung von Epilepsie, Veitstanz und Schwachsinn nicht verschließen. Ebenso vertreten wir den Standpunkt, dass schon die Sterilisierung verhältnismäßig weniger mit gemeingefährlichem moralischem Schwachsinn oder mit erblicher Geisteskrankheit behafteter Personen oder Sippen für das Gemeinwesen nicht bedeutungslos wäre, weil dadurch mancher moralische Seuchenherd aus dem Volkskörper ausgeschaltet würde. Dabei setzen wir allerdings voraus, dass die erwähnten anderen Vorbedingungen zur praktischen Erlaubtheit der gesetzlichen Sterilisierung gegeben wären.
[…]
4. Gegen jeden Missbrauch einer etwaigen gesetzlichen Sterilisierung müssten wir weitgehende Kautelen fordern; auch müsste ein wirksames Einspruchs- und Beschwerderecht der betroffenen Patienten oder ihrer Vormünder und der Jugend- und Wohlfahrtsämter gesichert sein.

aus: Joseph Mayer, Gesetzliche Unfruchtbarmachung Geisteskranker, Freiburg 1927, zit. nach Ernst Klee (Hg.), Dokumente zur „Euthanasie". © Fischer Taschenbuch Verlag, Frankfurt am Main 1985, S. 42 ff.

M 2 Enzyklika „Casti Conubii"

Es gibt nämlich welche, die, allzu sehr um eugenische Zwecke besorgt, nicht nur manch heilsame Ratschläge geben, um für Gesundheit und Kraft der künftigen Nachkommenschaft sicherer vorzusorgen – was der rechten Vernunft keineswegs entgegengesetzt ist –, sondern sogar jedem beliebigen anderen Zweck höherer Ordnung den eugenischen voranstellen und durch die öffentliche Autorität all jene an der Ehe hindern wollen – auch wenn diese an sich dazu tauglich sind, eine Ehe einzugehen –, von denen sie gemäß den Regeln und Vermutungen ihrer Wissenschaft meinen, dass aus ihnen aufgrund von Erbübertragung eine behinderte und fehlerhafte Nachkommenschaft gezeugt werde. Ja, sie wollen sie sogar von Gesetzes wegen, selbst gegen ihren Willen, durch einen Eingriff von Ärzten jener natürlichen Fähigkeit berauben lassen und zwar nicht, um Kraft öffentlicher Autorität blutige Strafe für ein begangenes Verbrechen einzufordern oder gegen künftige Vergehen Schuldiger Vorsorge zu treffen, sondern indem diese Möglichkeit gegen jedes menschliche und göttliche Recht für die bürgerlichen Behörden beansprucht wird, das sie niemals hatten noch rechtmäßig haben können.

Wer immer so handelt, lässt fälschlicherweise in Vergessenheit geraten, dass die Familie heiliger ist als der Staat und dass die Menschen in erster Linie nicht für die Erde und die Zeit, sondern für den Himmel und die Ewigkeit gezeugt werden. Und es ist in der Tat nicht recht, Menschen, die im Übrigen zur Ehe fähig sind, von denen man vermutet, dass sie auch unter Anwendung jeglicher Sorgfalt und Gewissenhaftigkeit nur eine behinderte Nachkommenschaft zeugen werden, aus diesem Grunde mit einer schweren Schuld zu beladen, wenn sie die Ehe schließen, auch wenn ihnen oft von der Ehe abzuraten ist.

Die öffentlichen Behörden aber haben keine direkte Vollmacht über die Gliedmaßen der Untergebenen; sofern deshalb keine Schuld eingetreten ist und kein Grund für eine blutige Strafe vorliegt, können sie diese Unversehrtheit des Leibes niemals weder aus eugenischen noch aus irgendwelchen anderen Gründen direkt verletzen und antasten. [...]

Dass im Übrigen selbst die einzelnen Menschen keine andere Gewalt über die Glieder ihres Leibes haben als die, welche sich auf ihre natürlichen Zwecke erstreckt und sie diese nicht zerstören oder verstümmeln noch sich auf andere Weise zu ihren natürlichen Funktionen untauglich machen können – wenn nicht gelegentlich anders für das Wohl des ganzen Leibes gesorgt werden kann –, das bestimmt die christliche Lehre und steht aufgrund des Lichtes der menschlichen Vernunft selbst unumstößlich fest.

aus: Enzyklika „Casti Conubii", 31. Dezember 1930, in: Denzinger/Hünermann (Hg.), Kompendium der Glaubensbekenntnisse und kirchlichen Lehrentscheidungen. Verlag Herder, Freiburg 1999, 38. Auflage

M 3 Caritas-Dienst der Rassenhygiene

[...] Auch die Caritas muss heute diesem Staate
a) Volksfürsorge als Rassenhygiene sein, Sorge für gesundes Erbgut und Verhinderung der Vermehrung der Erbkrankheiten. [...]
b) Die Caritas muss auch das Maß ihrer Hilfe dem Volksganzen anpassen. Sie darf nicht die Fürsorge für das Lebensunfähige, Kranke überspannen zum Nachteil des Lebenstüchtigen, Gesunden. Die Hilfe muss sich dem Lebensstandard des Volkes verhältnismäßig anpassen. In diesem Punkte hatte bisher die Caritas schwer zu leiden durch die falsche Orientierung der öffentlichen Fürsorge, die sich verabsolutierte und die Fürsorgeleistungen ins Ungemessene steigerte ohne Rücksicht auf die Lage des Volkes.
c) Erst recht muss das Führerprinzip in der Caritas betont werden. [...]

[...] Caritas muss helfen als Aufbaudienst für die Lebensgemeinschaft des Volkes. Caritas muss Dienst am Leben sein, und zwar sowohl am vorhandenen wie am kommenden Leben. Caritas muss Lebenssteigerung sein.

Auch die Rettung der „Verlorenen" kann und darf nach christlichem Glauben nur geschehen im Hinblick auf das neue Leben, das durch Christus geschaffen wird durch eine unerschöpfliche Gnade. Aber auch diese Lebensrettung darf nicht geschehen in der Weise, dass dadurch die Lebensgemeinschaft des ganzen Volkes darüber zugrunde geht. Die Existenz und der Bestand der Lebensgemeinschaft ist ja doch immer das Hauptziel für jede Caritasfürsorge. Die Lebensnotwendigkeiten der Gemeinschaft dürfen deshalb nicht vernachlässigt oder gar geopfert werden zugunsten eines Hilfsbedürftigen. Deshalb bestimmt auch das christliche Ethos lediglich das Superfluum, den über die Lebensnotwendigkeiten hinausgehenden Besitz als Mittel der Fürsorge.

Caritasdienst hat in all seinen verschiedenen Erscheinungsformen Lebensdienst an der Gemeinschaft zu sein, sogar bis zum heroischen Einsatz des eigenen Lebens. Caritas ist nur sinnvoll im Dienst der Lebensrettung und Lebensbereicherung der Gemeinschaft. Sinnlos wird der Caritasdienst, wenn durch ihn wertvolles Leben der Gemeinschaft indirekt vernachlässigt und gehemmt wird und untergeht, wenn etwa der bewahrende Dienst am Leben zur Vernachlässigung des vorbeugenden Dienstes führen würde. [...]

Echter Caritasdienst muss Dienst der Rassenhygiene sein, weil nur durch die Aufartung des Volkes auch die beste Grundlage für die Ausbreitung des Reiches Gottes auf Erden geschaffen wird, weil die Aufartung des Volkes Lebensgestaltung, Lebensbereicherung bedeutet und so im Dienste des Schöpfers und Erlösers steht.

aus: Franz Keller, Jahrbuch der Caritaswissenschaft 1934, S. 64–70, zit. nach Ernst Klee (Hg.), Dokumente zur „Euthanasie". © Fischer Taschenbuch Verlag, Frankfurt am Main 1985, S. 54 f.

A 7 Eugenik nach dem Nationalsozialismus

M 1

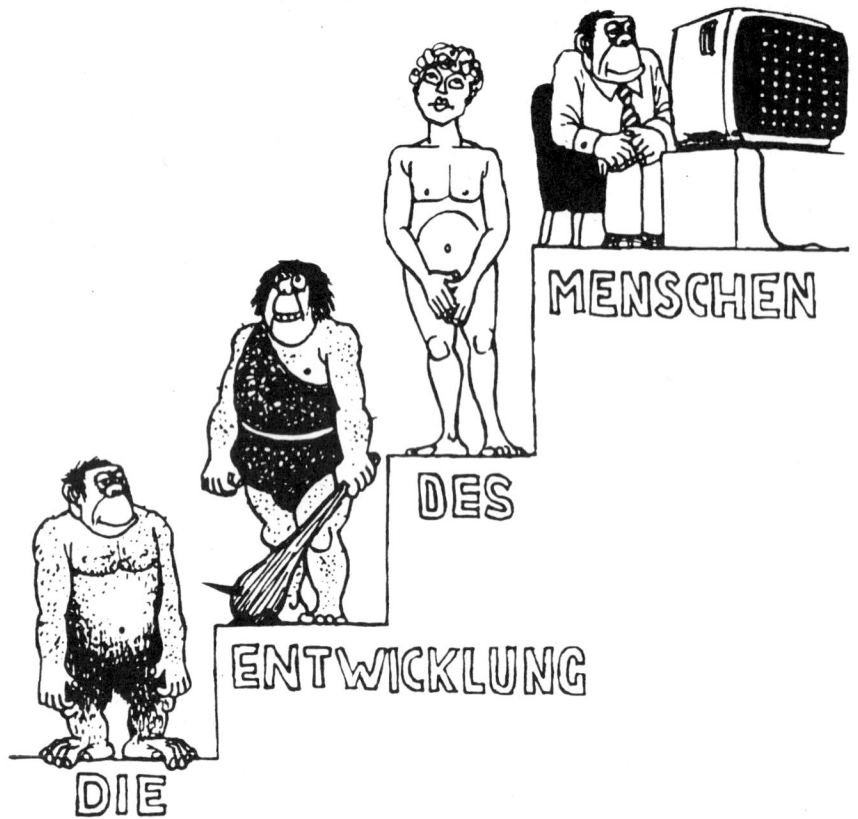

Zeichnung: Peter Leger, Haus der Geschichte, Bonn

M 2 Künstliche Befruchtung und Eugenik

Die moderne Zivilisation hat eine negative Rückkoppelung von der kulturellen auf die genetische Evolution bewirkt. Sie verhindert die genetische Isolierung kleiner Gruppen, sie erhält eine wachsende Zahl von genetischen Fehlern und sie führt die besser Veranlagten in Versuchung, sich weniger fortzupflanzen als andere. Und doch verlangen die Verkomplizierung, die Gefahren und Möglichkeiten der Zivilisation eine demokratische Lenkung von höherer und gleichzeitig breiterer Intelligenz sowie eine verstärkte Bereitschaft zur Zusammenarbeit.

Die sozialen Einrichtungen und der persönliche Rat bezüglich der Familiengröße, der von Eugenikern der alten Schule empfohlen wird, reichen für diese Situation nicht aus, einige extreme Fälle bestimmter Krankheiten ausgenommen. Für das Hauptproblem, das quantitativer Art ist, bietet sich die Samenwahl als wirkungsvollste und im Endergebnis psychologisch annehmbarste Methode an. [...]

Die künstliche Befruchtung, die jetzt zum Ausgleich der Folgen einer Unfruchtbarkeit angewendet wird, kann, stärker eugenisch ausgerichtet, die Grundlage für diese Reform bilden. In steigendem Maße sollte sie in Fällen von genetischen Fehlern, genetischer Unvereinbarkeit, Verdacht auf Mutagenese und von verspäteter Fortpflanzung angewendet werden. Schließlich erfüllt sie den dringenden Wunsch, seinen Kindern eine hoch überlegene genetische Veranlagung zu übermitteln.

Um diese Möglichkeit zu verwirklichen, müssen ausgedehnte Keimzellenbanken eingerichtet werden, die Material von hervorragenden Spendern nebst allen wichtigen Daten über den Spender und seine Verwandten enthalten. Sowohl lange Speicherung als auch anerkannte Fähigkeiten des Spenders werden Offenheit und Freiwilligkeit der Wahl gewährleisten und die Beratung unterstützen. Die idealistische Vorhut und ihre Nachfolger werden durch allgemeine Zustimmung zum überragenden Wert von Gesundheit, Intelligenz und Menschlichkeit einen gesunden genetischen Fortschritt einleiten. Ihre unterschiedliche Haltung in Bezug auf spezialisierte Fähigkeiten wird eine gesunde Mannigfaltigkeit verbürgen.

aus: Herman J. Muller, Genetischer Fortschritt und planmäßige Samenwahl, in: R. Jungk, H. J. Mundt (Hg.), Das umstrittene Experiment: Der Mensch. © Campus Verlag, Frankfurt am Main 1988

Eugenik nach dem Nationalsozialismus A 7

M 3 Die soziale Verantwortlichkeit der Elternschaft

Gilt allgemein die Ansicht, dass ein Recht auf Kinder besteht? Das wird zwar in der christlichen Ethik als sicher angenommen, aber von der humanistischen Ethik sehe ich nicht ein, wodurch generell ein Recht auf Kinder zu begründen sein soll. Wenn man die Menschen davon überzeugen könnte, dass ihre Kinder keineswegs Privatangelegenheit sind, so wäre das ein gewaltiger Fortschritt. Die zu beantragende Erlaubnis für das erste Kind könnte unter verhältnismäßig einfachen Bedingungen gegeben werden. Sind die Eltern genetisch belastet, so erhalten sie nur für ein Kind die Genehmigung, unter besonderen Umständen vielleicht für zwei. So etwa scheinen mir die Folgerungen aus den neuen Erkenntnissen der Biologie. [...]

Jetzt komme ich auf Mullers Vorschlag. Wäre sein Schema in der Tat die beste Art, der gesamten Öffentlichkeit die biologischen Kenntnisse zu vermitteln? Wenn einigen Individuen erlaubt würde, den Vater auf die Art zu wählen, die er vorschlug, könnte das vielleicht die Bevölkerung als Ganzes veranlassen, über die soziale Verantwortlichkeit der Elternschaft nachzudenken.

Es gibt aber auch noch gesetzliche Probleme. Soll es beispielsweise jedem erlaubt sein, seine Spermatozoen speichern zu lassen, oder sollte dafür eine Zulassung erforderlich sein? Wie viele Nachkommen von einem bestimmten Vater sollen zugelassen werden? Einer muss bestimmt zugelassen werden, denn im öffentlichen Bewusstsein ist das mindestens ebenso wichtig wie der Besitz eines Führerscheines. Wie groß soll aber der Einfluss der Gesellschaft auf die endgültige Wahl des Samenspenders sein? Vernünftig wäre wohl, die beteiligten Individuen bis zu einem gewissen Grade selbst wählen zu lassen. Man müsste auch für die Mütter bezüglich der erlaubten Kinderzahl Zulassungen einführen. Dies sind also die praktischen Fragen, die sich aus diesen beiden Vorschlägen ergeben.

aus: Francis Crick, Diskussionsbeitrag, in: R. Jungk, H. J. Mundt, Das umstrittene Experiment: Der Mensch. © Campus Verlag, Frankfurt am Main 1988

M 4 Die Verbesserung der genetischen Qualität des Menschen

Die Bevölkerungsexplosion führt uns zu der grundsätzlichen Frage – so grundsätzlich, dass sie meist gar nicht gestellt wird –, wozu sind die Menschen da? Wie auch die Antwort lauten mag, ob dazu, tüchtiger oder mächtiger zu werden, oder, wie ich vorschlagen möchte, dazu, größere „Erfüllung" zu finden, klar ist, dass die allgemeine Qualität der Weltbevölkerung nicht sehr hoch ist, dass sie sich zu verschlechtern beginnt und dass sie verbessert werden könnte und sollte. Die Verschlechterung ist auf genetische Defekte zurückzuführen, die damit behafteten Menschen wären infolge der Selektion verschwunden, hätte man sie nicht künstlich am Leben erhalten. Dazu kommt eine Menge neuer Mutationen durch zunehmende Radioaktivität. Beim modernen Menschen hat die Richtung der genetischen Evolution begonnen, ihr Vorzeichen zu ändern, vom positiven zum negativen, vom Fortschritt zum Rückschritt; wir müssen versuchen, die alte Richtung zur positiven Entwicklung wieder herzustellen. [...]

Die Verbesserung der genetischen Qualität des Menschen durch eugenische Verfahren würde eine große Last an Leiden und Qual von den Schultern der Menschheit nehmen und zur Steigerung der Lebensfreude und der Tüchtigkeit beitragen. Ich möchte ein Beispiel geben: Theoretisch könnte der Pegel der allgemeinen Intelligenz durch eugenische Selektion angehoben werden; und selbst ein leichter Anstieg würde einen merklichen Zuwachs an hochintelligenten und tüchtigen Leuten ergeben, die wir brauchen, um unsere immer komplizierteren Gemeinschaften zu lenken. So würde ein Ansteigen des mittleren Intelligenz-Quotienten (IQ) um 1,5 Prozent, also von 100 auf 101,5 bedeuten, dass 50 Prozent mehr Menschen mit einem IQ von 160 und darüber zur Welt kämen. [...]

Unsere gegenwärtige Zivilisation wirkt sich auf die Genetik immer ungünstiger aus. Um dieser Bedrohung zu begegnen, müssen wir unser genetisches Wissen voll anwenden und neue Verfahren der menschlichen Fortpflanzung entwickeln, wie etwa orale Verhütungsmittel und Vielfachbefruchtung durch tiefgekühlte Samen ausgewählter Spender. Schließlich könnten radikale eugenische Verbesserungen die Evolution des menschlichen Fortschritts mächtig vorantreiben. [...]

Für mich ist es eine erregende Tatsache, dass der Mensch, nachdem er seiner Vorherrschaft und seiner zentralen Stellung im Weltall beraubt war und die Rolle eines unbedeutenden Bewohners eines kleinen abseits liegenden Planeten unter vielen Millionen

A 7 Eugenik nach dem Nationalsozialismus

von Sternen erhalten hatte, jetzt wieder in eine Schlüsselstellung gerückt ist; er wurde zu einem der seltenen Vorläufer oder Fackelträger oder Sachwalter – suchen Sie eine Metapher nach Ihrem Geschmack! – des Fortschritts im kosmischen Prozess der Evolution. [...]

Die Gegenwart ist ein Augenblick der Herausforderung, denn zum ersten Mal können wir auf der langen Bahn dieses außerordentlichen Prozesses uns selbst sehen, wir haben einen besseren Überblick über seine Richtung und seine Wirkung, und wir können alle unsere Hilfsquellen an Kenntnissen und gutem Willen zur Lösung der zweifachen Aufgabe einsetzen: die unmittelbare Katastrophe zu verhindern und neue Möglichkeiten auf lange Sicht zu verwirklichen. In dieser zweifachen Aufgabe können nur wissenschaftliches Vorgehen und die massive Entwicklung wissenschaftlicher Arbeitskraft die Katastrophe vermeiden und eine verbesserte Evolution sicherstellen.

aus: Julian Huxley, Die Zukunft des Menschen – Aspekte der Evolution, in: R. Jungk, H. J. Mundt (Hg.), Das umstrittene Experiment: Der Mensch. © Campus Verlag, Frankfurt am Main 1988

M 5 Eugenik erfordert größere Weisheit

MACKAY: Ich musste an Shaws boshafte Bemerkung denken: „Was hat die Nachwelt für mich getan, dass ich etwas für die Nachwelt tun sollte?" Da die Wechselbeziehung zwischen der persönlichen Verantwortung und der der „Gesellschaft" immer noch sehr unklar ist, klingt es doppelt nebelhaft, wenn wir von „unserer" Verantwortung sprechen, an der genetischen Zusammensetzung unserer Nachkommen herumzubasteln. Ohne eine sehr viel gründlichere Analyse kann die leichtfertige Übertragung von Maßstäben persönlicher Verantwortung auf die „Gesellschaft" dazu verführen, moralischen Unfug zu reden – und zu verkraften.

Dass ein solcher Unfug sich besonders in Nazi-Deutschland als verkäuflich erwiesen hat, sollte uns davor warnen, unsere Rassenpläne nur mit der technischen Durchführbarkeit der Genetik zu begründen. Wir müssen uns außerdem mit einer technischen Schwierigkeit abfinden, die jeden Vorschlag, die menschliche genetische Konstitution selbstregelnd zu machen, entgegensteht. Ich spreche von der Schwierigkeit, das „Entwicklungsziel" bei fortschreitender Zeit vor Verschiebungen oder Schwingungen durch den Einfluss äußerer oder sogar innerer Faktoren zu bewahren. Nehmen wir beispielsweise an, dass „wir" (Biologen oder Politiker?) beschließen (und die Macht haben), der nächsten menschlichen Generation den Typ „X" zu geben. So weit, so gut – vielleicht. Aber wenn wir sterben, wird unser Platz wahrscheinlich von einem neuen Komitee eingenommen, das wahrscheinlich aus dem Typ „X" besteht. Nun ergibt sich die Frage, welche Art von Veränderungen diese Männer des Typs „X" für ihre Nachkommen für wünschenswert halten – und so fort bis in die ferne Zukunft. Wenn wir diese Frage nicht beantworten können, erwiese sich vielleicht die Einführung eines solchen Verfahrens als das glatte Gegenteil von Verantwortung und zwar in jeder Auslegung dieses Begriffs.

Es ist, kurz gesagt, absolut unmöglich, nach einer Orientierungsmarke zu segeln, die wir an den Bug unseres eigenen Schiffes genagelt haben. Wenn wir unsere wachsende eugenische Macht je richtig anwenden wollen, brauchen wir eine größere Weisheit als unsere eigene.

Wir wollen ganz ehrlich zugeben, dass heute wenig Übereinstimmung darüber besteht, wo man nach solchen Weisheiten suchen sollte und wo man sie finden könnte.

aus: Donald M. MacKay, Diskussionsbeitrag, in: R. Jungk, H. J. Mundt (Hg.), Das umstrittene Experiment: Der Mensch. © Campus Verlag, Frankfurt am Main 1988

M 6 Wo ist das Problem?

BRONOWSKI: Ich kann vielen Punkten in Mullers und Lederbergs Referaten nicht zustimmen, weil ich einfach nicht verstehen, welches Problem sie zu lösen suchen. Wenn sie die gegenwärtigen Genhäufigkeiten in der Bevölkerung stark zu verändern suchen, so könnte das durch einen von Mullers Vorschlägen erreicht werden. Haldane hat schon früher gezeigt, dass die Sterilisierung der Untüchtigen kaum Einfluss auf den Anteil an rezessiven Genen haben würde. Genauso würde auch die Vermehrung dessen, was wir die Tüchtigen zu nennen belieben, tatsächlich nur einen sehr geringen Einfluss auf das Auftreten rezessiver Gene haben. (Und niemand unter denen, die sich mit den Kindern anerkannter Genies beschäftigt haben, kann annehmen, dass mehrere Hunderte von ihnen für die Bevölkerung ein großer Gewinn wären.) Wenn wir die Genhäufigkeiten drastisch ändern wollen, können wir das natürlich nur in der von Crick vorgeschlagenen Weise, indem außer einigen wenigen Genen alle gewaltsam an der Fortpflanzung gehindert werden. Aber das setzt voraus, dass man Folgendes weiß: a) warum man ein bestimmtes Gen für gut hält, und b) welche Verfahren angewendet werden sollen, um es zu erkennen.

Ich habe Cricks Bemerkungen allerdings als eine reductio ad absurdum der Verfahren direkter Steuerung von Genfrequenzen aufgefasst. Wir können nämlich den gleichen Effekt viel einfacher erreichen – indem wir die Kinder der Untüchtigen aufessen, so wie Jonathan Swift vorgeschlagen hat, die armen Leute in Irland sollten ihre eigenen Kinder essen. Welches Problem versuchen wir denn zu lösen? Welche Gene wollen wir fördern? Muller versichert in seinem Referat, es gebe Gründe für die Annahme, dass die menschliche Bevölkerung sich verschlechtert und auch Huxley hat in einem Satz diese Ansicht vertreten. Ich kenne aber keinen Beweis dafür, dass die heutige Menschheit in irgendeiner quantitativ fassbaren Hinsicht der Menschheit vor 50 Jahren unterlegen ist. Ganz im Gegenteil. Der einzige bedeutende Test für diese Behauptung – die Intelligenztests an schottischen Kindern innerhalb der letzten 25 Jahre – erbrachte genau entgegengesetzte Ergebnisse. Die menschliche Rasse scheint sich zu verbessern und zwar auf jene natürliche Weise, an der ich mich weiterhin zu erfreuen gedenke, solange ich kann!

aus: J. Bronowski, Diskussionsbeitrag, in: R. Jungk, H. J. Mundt (Hg.), Das umstrittene Experiment: Der Mensch. © Campus Verlag, Frankfurt am Main 1988

M 7 Intelligenz und Krieg

LEDERBERG: In Beantwortung von Dr. Bronowskis Frage nach unseren Motiven erkläre ich, dass die meisten von uns die gegenwärtige Weltbevölkerung für nicht intelligent genug halten, als dass sie eine allgemeine Vernichtung verhindern könnte. Wir sollten für die Zukunft einige Vorkehrungen treffen, damit sie eine etwas bessere Chance gewinnt, ein solches Desaster zu vermeiden. Ich sage nichts darüber, ob unsere Maßnahmen sinnvoll sind, wohl aber bin ich überzeugt von unseren Motiven, denn nicht mit den negativen, sondern mit den positiven Aspekten genetischer Steuerung befassen wir uns hier.

Andererseits hege ich ernste Bedenken hinsichtlich der Vorschläge zur Geburtenkontrolle. Die soziale Steuerung, ohne die sich anscheinend diese Vorschläge nicht verwirklichen lassen, bietet meiner Ansicht nach äußerst brutale und gefährliche Aspekte, jedenfalls in unserer heutigen Welt. Vom sozialen Standpunkt aus wäre es am besten, man überließe die Entscheidungen den Wünschen des Einzelnen, aber das bliebe natürlich wirkungslos. Werden die Menschen denn nicht, wenn sie die Väter für ihre Kinder wählen könnten, gerade den notorischen Projektionen ihrer eigenen Vorstellung folgen, die durch die Popularität des berühmten Spenders verstärkt sind?

COMFORT: Dr. Lederberg, wie kommen Sie zu der Annahme, wir könnten die Wahrscheinlichkeit, uns selbst in die Luft zu sprengen, durch eine genetische Steigerung der Intelligenz vermindern?

LEDERBERG: Ich behaupte nicht, dass wir mit Sicherheit Erfolg haben werden; ich sehe hier aber unsere Motive für den Versuch genetischer Steuerung.

COMFORT: Und ich bin der Ansicht, dass es weniger niedrige Intelligenzquotienten, sondern vielmehr persönliche Probleme und emotionale Störungen sind, die uns der Gefahr aussetzen, die Welt in die Luft zu sprengen.

LEDERBERG: Auch diese könnte man genetisch beeinflussen.

aus: Joshua Lederberg, Alex Comfort, Diskussionsbeiträge, in: R. Jungk, H. J. Mundt (Hg.), Das umstrittene Experiment: Der Mensch. © Campus Verlag, Frankfurt am Main 1988

A8 Pränataldiagnostik: Neue Eugenik?

M 1 Durchgefallen

aus: Clair Bretécher „Mütter". © 1983 Rowohlt Verlag, Reinbek

M 2 Was ist Pränataldiagnostik?

Mit dem Fortschreiten der Molekulargenetik und der Entwicklung der pränatalen Diagnostik lassen sich in zunehmendem Maß Erbkrankheiten, z. B. Stoffwechselkrankheiten oder Störungen des Rückenmarkkanals oder des Gehirns, vorgeburtlich feststellen; gegenwärtig sind es etwa 500 von ungefähr 5000 bekannten Erbkrankheiten. Die Diagnose dieser Krankheiten kann entweder zur – auch vorgeburtlichen – Therapie oder zur Abtreibung führen, je nachdem, welche Behinderung Eltern tragbar erscheint. Dabei werden vor allem folgende Untersuchungsverfahren verwendet:

– Bei der Amniozentese wird meist zwischen der 16. und 20. Schwangerschaftswoche der Schwangeren mit Hilfe einer Kanüle aus dem Uterus eine geringe Menge des Fruchtwassers entnommen. Das Untersuchungsergebnis liegt meist nach ca. zwei Wochen vor. Das Abortrisiko ist nicht unerheblich.

– Bei der Chorionzottenbiopsie wird mit Hilfe eines Katheders Gewebe aus dem Chorion, dem kindlichen Anteil der späteren Plazenta, abgesaugt. Als Vorteil dieses Verfahrens gilt, dass es früher – ca. zwischen der 7. und 11. Schwangerschaftswoche – durchgeführt werden kann. Allerdings gilt diese Methode als unsicher und aufgrund einer höheren Quote an Fehlgeburten und anderer Komplikationen als riskanter und wird deshalb noch relativ selten angewandt.

– Während diese beiden Verfahren in Deutschland bei weniger als 10% der Schwangeren angewandt werden – vor allem bei Frauen ab 35 oder bei Familien, in denen bereits Erbkrankheiten aufgetreten waren, weil deren Kinder als besonders gefährdet gelten im Blick auf Chromosomenveränderungen – werden die Ultraschalluntersuchung und die Amnioskopie, die Besichtigung des Fruchtwassers, regelmäßig durchgeführt. Auch durch sie können Fachleute inzwischen chromosomale Abweichungen wie das Down-Syndrom erkennen.

(Der Autor)

M 3 Neo-Eugenik

Heute findet die medizinische Eugenetik unter Beteiligung der Einzelnen statt, mit ihrer Zustimmung und Information. Sie hat sich von ihren autoritären Wurzeln gelöst und ist zu einem demokratischen Ansatz herangereift. Zwang und Druck, offene Repression und Kontrolle werden heute nicht mehr angewandt; sie sind auch gar nicht mehr nötig.
[...]
Im Unterschied zum Nationalsozialismus existiert Eugenik als eigenständiger Politikbereich heute nicht mehr. Stattdessen haben wir es gegenwärtig mit eugenischen Praktiken zu tun, die allmählich alle Lebensbereiche unseres Alltags durchdringen. Auf den ersten Blick humaner als die alte Eugenik, erweist die neue sich bei näherem Hinsehen als eine perfektionierte Variante. Sie hat eine Eigendynamik entwickelt und funktioniert quasi wie von selbst, weil sie „von unten", von der Frau und dem Mann auf der Straße getragen und ausgeübt wird und nicht von Polizei und Behörden befohlen ist.
[...]
Die Eugenik hat neue Gewänder erhalten; ihre Methoden sind modernisiert worden. Ausgereift und fast unsichtbar, hat sie längst in unserem Rücken Stellung bezogen und beeinflusst – über die Strategie des Sachzwanges – unmerklich unser Handeln. Im Ergebnis erscheint genetische Selektion als etwas ganz Normales, als etwas Vernünftiges und Selbstverständliches. Eugenisches Handeln wird heute technisch, individuell, über die elterliche Auslese vollzogen, der Arzt ist Mittler und Vollstrecker.

aus: Anne Waldschmidt, Lieber lebendig als normal. Positionen der Behindertenbewegung zu Humangenetik und Pränataldiagnostik, in: Eva Schindele, Schwangerschaft: zwischen guter Hoffnung und medizinischem Risiko. © Rasch und Röhring Verlag, Hamburg 1995, S. 360 f.

A 8 Pränataldiagnostik: Neue Eugenik?

M 4 Eugenik und weibliche Selbstbestimmung

Der Wunsch nach einem nicht behinderten Kind ist Ausdruck der Wertordnung der Herrschenden. Der Drang nach einem garantiert nichtbehinderten Kind wird zwar durch die gesellschaftlichen Zustände bedingt. Aber wenn Feministinnen selbst daran festhalten und es gibt Feministinnen in der BRD und anderen Ländern, die sagen, diese Entscheidung sei Teil ihres feministischen Selbstbestimmungsrechtes, dann wird die eugenische Wertordnung in das Selbstbestimmungsverständnis aufgenommen. Eugenik war aber immer die Waffe der Herrschenden gegen sozial Unterdrückte. Gerade Feministinnen, die sich so sehr mit dem Thema der Differenz und der Gleichheit beschäftigt haben, sollten eine Ethik entwickeln, die Behinderung nicht als Leid, sondern als Differenz versteht, wie Geschlechter oder Hautfarbe.

aus: Teresia Degener in „Konkret" 1/90, S. 65; zit. nach Susanne Ehrlich, Denkverbot als Lebensschutz? Pränatale Diagnostik, fötale Schädigung und Schwangerschaftsabbruch. Westdeutscher Verlag, Wiesbaden 1993, S. 122 f.

M 5 Recht auf Leben

Wir gehen mit Behinderten um wie mit Gästen, die man zwar aus irgendeinem spontanen Impuls zu sich einlud, die uns dann aber in arge Verlegenheit setzen. Wenn ich irgendwo eingeladen werde, darf ich erwarten, dass ich als ich selber kommen darf und die Einladung nicht im Hause des Gastgebers widerrufen wird, wenn man sich unter mir etwas ganz anderes vorgestellt hat. Jede gewollte Zeugung aber ist solch eine Einladung!
Darum finde ich allein das Angebot und die Möglichkeit der Fruchtwasseruntersuchung als den empörenden Versuch, die Zustellung einer bestellten, aber den eigenen Vorstellungen nicht entsprechenden Ware zu verhindern. Wenn es in früheren Jahrtausenden schon die Fruchtwasseruntersuchung gegeben hätte, wären wohl die meisten Mädchen abgetrieben worden. Denn sie galten ja als wertlos – wie heute noch die Behinderten, die Neger, die Ausländer, die Homosexuellen, die Kriminellen und natürlich die Spinner und die Idioten.

aus: Fredi Saal, Es ist schwer, unerwünschter Gast zu sein... Auch Behinderte brauchen die Bestätigung ihres Eigenwertes, um überleben zu können, in: Wege zum Menschen, 40. Jg., 1988, S. 71

M 6 Kein Raum für Behinderte

Der neue Rassismus teilt die Menschheit auf in brauchbare und unbrauchbare, nützliche und unnütze Individuen. Im Zeitalter der unbegrenzten technischen Möglichkeiten drohen dem Menschen grenzenlose Freiheiten – nur der humane Raum, in dem ein Elternpaar beispielsweise mit allen menschlichen Höhen und Tiefen, mit allem Leid und ethischen Herausforderungen sich zu einer Entscheidung für ein behindertes Kind durchringt, wird in diesem „neuen Haus" nicht mehr vorhanden sein. „Eskapaden", mit ganzem Wissen und Gewissen ein „nicht perfektes" Kind gebären zu wollen [...] werden dann nicht mehr geduldet. [...] Schon jetzt wird ganz allmählich auch offiziell das Denken auf diesen neuen Faschismus vorbereitet.

aus: Doris Weber, Analyse und Kommentar. Euthanasie für das Jahr 2000. Der Technofaschismus marschiert, in: Doris Weber (Hg.), „Wer nicht passt, muss sterben". Publik-Forum, Zeitung kritischer Christen, Materialmappe, Oberursel 1990, S. 5

M 7 Ist die vorgeburtliche Diagnostik moralisch erlaubt?

Wenn die vorgeburtliche Diagnostik das Leben und die Integrität des Embryos und des menschlichen Fötus achtet und auf dessen individuellen Schutz oder Heilung ausgerichtet ist, ist die Antwort positiv.
Die vorgeburtliche Diagnostik lässt tatsächlich den Zustand des Embryos und des Fötus erkennen, solange er sich noch im Mutterleib befindet. [...]
Eine solche Diagnostik ist erlaubt, wenn die angewandten Methoden – mit der Zustimmung der entsprechend informierten Eltern – das Leben und die Integrität des Embryos und seiner Mutter wahren, ohne sie unverhältnismäßig Risiken auszusetzen. Aber sie steht in schwerwiegender Weise im Gegensatz zum Moralgesetz, falls sie – je nachdem, wie die Ergebnisse ausfallen – die Möglichkeit in Erwägung zieht, eine Abtreibung durchzuführen. So darf eine Diagnose, die das Bestehen einer Missbildung oder einer Erbkrankheit anzeigt, nicht gleichbedeutend mit einem Todesurteil sein. Deshalb würde die Frau schwerwiegend unerlaubt handeln, die die Diagnostik mit der bestimmten Absicht verlangte, eine Abtreibung vorzunehmen, falls die Resultate das Vorliegen einer Missbildung oder Anomalie bestätigen. In gleicher Weise würden der Ehegatte, die Eltern oder jene andere gegen die Moral handeln, falls sie der Schwangeren die Diagnose mit dem gleichen Ziel rieten oder auferlegten, gegebenenfalls bis zur Abtreibung zu gehen. Genauso würde sich der Spezialist der unerlaubten Beihilfe schuldig machen, der beim Durchführen der Diagnose und beim Mitteilen des Ergebnisses absichtlich dazu beitrüge, eine Verbindung zwischen vorgeburtlicher Diagnose und Abtreibung herzustellen.
Verurteilen muss man schließlich als Verletzung des Rechts auf Leben in Bezug auf den Ungeborenen und als Eindringen in die ursprünglichen Rechte und Pflichten der Eheleute eine Richtlinie oder ein Programm der staatlichen Autoritäten des Gesundheitswesens oder wissenschaftlicher Organisationen, die in irgendeiner Weise die Verbindung zwischen vorgeburtlicher Diagnose und Abtreibung begünstigen oder sogar die Schwangeren dazu brächten, sich einer planmäßigen vorgeburtlichen Diagnostik mit dem Zweck zu unterziehen, Föten, die von Missbildungen oder Erbkrankheiten betroffen sind, bzw. solche übertragen, zu vernichten.

aus: Sekretariat der Deutschen Bischofskonferenz (Hg.), Instruktion der Kongregation für die Glaubenslehre über die Achtung vor dem beginnenden menschlichen Leben (Verlautbarungen des Apostolischen Stuhls Nr. 74, Bonn 1987, S. 15)

M 8 Pränatale Diagnostik – Ratschlag der Evangelischen Frauenarbeit

Weshalb wir uns zum Thema vorgeburtliche Untersuchungen äußern: Mit zunehmender Besorgnis beobachten wir, dass die Fruchtwasser-Untersuchung immer mehr schwangeren Frauen in immer früherem Alter routinemäßig angeboten wird. Wir möchten Frauen Mut machen, sich Informationen und Beratung zu verschaffen und auf dieser Grundlage das Für und Wider eines solchen Eingriffs in Ruhe zu erwägen.
Wir sehen die Gefahr, dass Frauen durch Technisierung der Schwangerenbetreuung von dem Geschehen in ihrem Körper entfremdet und in ihrer Selbstbestimmung eingeschränkt werden. Wir halten es deshalb für wichtig, dass Frauen nicht von vornherein allem technisch Machbarem zustimmen, sondern sich zutrauen, selbst zu wissen, was für sie und das in ihnen wachsende Kind gut ist.
Wir verwahren uns dagegen, dass Frauen, die sich gegen vorgeburtliche Testverfahren entscheiden, mangelndes Verantwortungsbewusstsein unterstellt wird. Es ist die Verantwortung der Gesellschaft, Familien mit kranken oder behinderten Kindern alle notwendigen Hilfen zur Verfügung zu stellen. Das Angebot vorgeburtlicher Untersuchungen darf nicht dazu führen, dass nur noch solchen Kindern das Recht auf Geburt eingeräumt wird, die den in der Gesellschaft geltenden Maßstäben für Gesundheit und körperliche und geistige Leistungsfähigkeit entsprechen. Eine solche Entwicklung stellt letztlich auch das Lebensrecht der in unserer Mitte lebenden behinderten Kinder, Jugendlichen und Erwachsenen in Frage.
Als Christen glauben wir, dass jedes Kind von Gott gegeben und menschlicher Fürsorge anvertraut ist. Niemand kann über den Wert eines Menschenlebens urteilen. Unser Grundgesetz geht von der Würde aller Menschen, nicht nur der Gesunden und Starken aus. Alle Menschen, ob gesund oder krank, behindert oder nicht, jung oder alt, haben ein Recht darauf, so weit wie möglich selbstbestimmt zu leben und die Förderung und Betreuung zu erhalten, die sie brauchen. Wo diese Grundsätze verwirklicht werden, kann Behinderung nicht nur als belastend, sondern auch als Ausdruck der Vielfalt menschlichen Lebens und Bereicherung erfahren werden.

aus: Evangelische Kommentare 7/91, S. 403

A8 Pränataldiagnostik: Neue Eugenik?

M 9 Freies Elternwahlrecht

Es gibt Mitmenschen, die wollen, dass Regeln und Gesetze aufgestellt werden über das, was andere tun dürfen und was nicht und zwar ganz unabhängig von einer individuellen Konfliktsituation, die man ja nicht gut in Regeln und Gesetze verpacken kann. Hier sehe ich ein Problem, das wir im Dialog angehen könnten. [...]
Ich glaube, wir sollten uns nachdrücklich von den Denkweisen des Nationalsozialismus trennen, nach denen die Menschen aufgrund ihres genetischen Hintergrunds und ihrer geistigen Entwicklungsmöglichkeiten eingeteilt wurden in die „Lebenswerten" und die „Lebensunwerten".
Dieses Gedankengut „positiver" und „negativer" Eugenik, das auf einem falsch verstandenen und wissenschaftlich nicht begründeten Sozialdarwinismus beruhte, sollten wir mit dem „Dritten Reich" überwunden haben. In unserer heutigen Gesellschaftsordnung wurde durch die Gesetzgebung festgelegt, dass nicht entschieden werden kann, ob ein Leben lebenswert ist oder nicht. Die Entscheidung zum Schwangerschaftsabbruch aus kindlicher Indikation berücksichtigt das Wohl der Mutter: die „kindliche" Indikation ist eine Unterindikation der „mütterlichen" Indikation, wobei allerdings bisher noch nicht mit dem Begriff einer verantwortlichen elterlichen Entscheidung, sondern mit dem Begriff der Notlage beziehungsweise der Unzumutbarkeit der Fortsetzung einer Schwangerschaft bei Nachweis eines genetisch schwer gestörten Kindes argumentiert wird. [...]
Viele Menschen denken und fühlen auch heute noch, dass Schwangerschaften sich allein zwischen Gott und den Naturgesetzen abspielen und der Mensch sich nicht entscheidend einmischen darf. Das wäre jedoch Biologismus, gepaart mit Religiosität, wenn man zwangsläufig annehmen müsste, was sich nach einem Naturgesetz vollzieht. Ich möchte dafür plädieren, dass wir als verantwortliche Eltern unsere Freiheit wahrnehmen, „Ja" oder „Nein" zu sagen zu einem entstehenden Kind. Nicht nur in einer pluralistisch-demokratischen Gesellschaft sollte diese Entscheidungsfreiheit gegeben sein, sondern auch in einer religiös gebundenen Gesellschaft. [...]
Der Gewissenskonflikt, den Eltern in dieser Lage haben, liegt wirklich beim „Lebenschenken". Wenn wir dies ernst meinen, muss es die Freiheit beinhalten, auch Leben nicht zu schenken. Zum Schenken können wir Frauen nicht verpflichtet werden; dieser Aspekt ist in der Diskussion immer sensibel. Sieht man die Frau von Gott verpflichtet dazu, dann erfüllt sie einen Auftrag Gottes, und wir sollten den Begriff „das Leben schenken" streichen.
Ich möchte noch einmal die Frage stellen, wer weiß, was Gott von uns will? Ich glaube nicht, dass es eine Institution weiß. Sie kann sehr große Fehler machen, besonders dann, wenn Nichtbetroffene Meinungen bilden und Entscheidungen fällen. Oft verstehen die Kirchen und andere Institutionen die Probleme ja erst, wenn sie schon Jahrzehnte zurückliegen und die betroffenen Ratsuchenden finden heute keine Stütze, wo sie sie brauchen. Deswegen wird ja der religiöse Bereich meist ausgeklammert bei diesen Entscheidungsfindungen; das ist doch äußerst bedauerlich. Der Bewusstseinswandel bei den Autoritäten, die das Wort haben, vollzieht sich langsam; es dauert einfach zu lang, bis die Bewegung des Verständnisses neuer Möglichkeiten und Grenzen von der Basis an die Spitze durchdringt. Damit fallen aktuell benötigte Hilfen weg oder kommen zu spät. Gott will sicher nicht, dass wir immer nur verharren und immer nur das Gleiche tun. Die neuen pränatal-diagnostischen Möglichkeiten sind ohne Vorbilder aus der Vergangenheit.

aus: Sabine Stengel-Rutkowski, Ethische Maßstäbe für die Genetik. Schwangerschaftsabbruch in besonderen Fällen, in: Evangelische Kommentare 3/89, S. 27 f.

M 1 Begriff und Problematik

Eine Organtransplantation ist eine Operation, bei der voll funktionsfähige Organe auf einen Schwerkranken übertragen werden, um die verloren gegangene Funktion dieses Organs beim Empfänger auszugleichen. Es sind vor allem zwei Arten der Organtransplantation zu unterscheiden:
1. Ein (gesunder) Spender, der bei vollem Bewusstsein ist, stellt ein Organ zur Verfügung, das doppelt vorhanden ist oder dessen Fehlen sein Leben nicht beeinträchtigt, z. B. eine Niere oder Knochenmarkzellen.
2. Ein Spender, dessen Hirn nicht mehr funktionsfähig werden kann, wird für tot erklärt. Die Übergangszeit zwischen Hirn- und Organtod wird durch intensivmedizinische Maßnahmen verlängert, da nur ein durchblutetes Organ zur Transplantation geeignet ist.

Beide Varianten werfen zahlreiche ethische Fragen auf. Im ersten Fall geht es vor allem um das Problem der potenziellen Abhängigkeit des Spenders vom Empfänger, insbesondere in materieller oder psychischer Hinsicht, aber auch um mögliche Schwierigkeiten zwischen beiden nach der Organspende.

Besonders lebhaft wurde und wird über den „Hirntod" diskutiert. Während bis in die 60er-Jahre ein Mensch als tot galt, wenn Atmung und Herz-Kreislauffunktion zum Erliegen gekommen war, ist es mit fortschreitender Technik nun möglich, den Organtod aufzuschieben, nachdem der Hirntod eingetreten ist. Nach einem schweren Unfall, Herzinfarkt oder einer Gehirnblutung funktionieren häufig Großhirn und Hirnstamm nicht mehr. Solche Hirntote können, soweit mess- und beobachtbar, weder denken noch fühlen. Das Herz schlägt jedoch selbständig weiter, der Körper kann schwitzen, der Hoden Samen produzieren, in einer Hirntoten kann ein Fötus zur Lebensreife heranwachsen und die vom Rückenmark gesteuerten Reflexbögen funktionieren noch, so dass Hirntote unvermittelt Arme und Beine bewegen können. Damit stellt sich die Frage: Ist der „Hirntote" ein Toter oder ein Sterbender?

Ein anderes Diskussionsthema ist die Frage, wie die Organtransplantation rechtlich geregelt werden sollte. Dürfen nur die Organe desjenigen entnommen werden, der dem Eingriff zuvor zugestimmt hatte und z. B. einen Spendeausweis ausgefüllt hatte oder genügt die Zustimmung der Verwandten? Da man befürchtete, dass es bei der ersten Variante (der „engen Zustimmungslösung") zu wenig Spender geben würde, beschloss der deutsche Bundestag 1997 die zweite Lösung, die so genannte „erweiterte Zustimmungslösung".

(Der Autor)

M 2

Zeichnung: Baaske (Mester), München

A 9 Organtransplantation

M 3 Angebot und Nachfrage

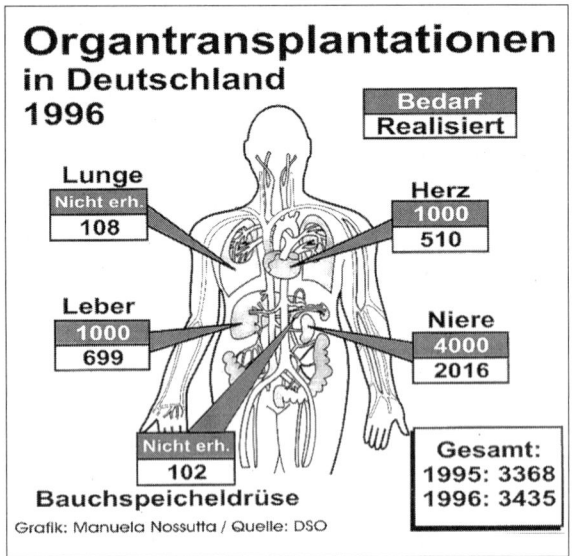

Grafik: Westfalenpost, Hagen

M 4 Gemeinsame Erklärung der Kirchen

Leibliche Auferstehung bedeutet neue, durch den Geist Gottes verwandelte und verklärte Leiblichkeit. Diese zukünftige Wirklichkeit können wir uns nicht ausmalen. Sie ist nicht als Fortsetzung unseres irdischen Leibes vorzustellen, sondern bedeutet eine unaussprechliche Wirklichkeit, welche die irdische Leiblichkeit in eine neue Dimension überführt. So tief auch die Verwandlung reichen mag, es handelt sich nicht um einen totalen Bruch zwischen irdischem Leben und himmlischer Vollendung in der Auferstehung der Toten, sondern um die Verwandlung unseres jetzigen Lebens und um eine wesenhafte (nicht stoffliche) Identität auch des Leibes. Vom christlichen Verständnis des Todes und vom Glauben an die Auferstehung der Toten kann auch die Organspende von Toten gewürdigt werden. Dass das irdische Leben eines Menschen unumkehrbar zu Ende ist, wird mit der Feststellung des Hirntodes zweifelsfrei erwiesen. Eine Rückkehr zum Leben ist dann auch durch ärztliche Kunst nicht mehr möglich. Wenn die unaufhebbare Trennung vom irdischen Leben eingetreten ist, können funktionsfähige Organe dem Leib entnommen und anderen schwer kranken Menschen eingepflanzt werden, um deren Leben zu retten und ihnen zur Genesung oder Verbesserung der Lebensqualität zu helfen. So verständlich es auch sein mag, dass gefühlsmäßige Vorbehalte gegen die Entnahme von Organen eines Hirntoten bestehen, so wissen wir doch, dass bei unserem Tod mit unserem Leib auch unsere körperlichen Organe alsbald zunichte werden. Nicht an der Unversehrtheit des Leichnams hängt die Erwartung der Auferstehung der Toten und des ewigen Lebens, sondern der Glaube vertraut darauf, dass der gnädige Gott aus dem Tod zum Leben auferweckt. Die respektvolle Achtung vor Gottes Schöpferwirken gebietet freilich, dass der Leichnam des Toten mit Pietät behandelt und würdig bestattet wird. Die Ehrfurcht vor den Toten ist eine Urform der Sittlichkeit. In allen Kulturen zeigt sich die Haltung zum Leben auch in der Pietät vor den Toten. [...]

Zugleich kann in der Organspende noch über den Tod hinaus etwas spürbar werden von der „größeren Liebe" (Joh. 15,13), zu der Jesus seine Jünger auffordert. [...] Wir wissen, dass unser Leben Gottes Geschenk ist, das er uns anvertraut hat, um ihm die Ehre zu geben und anderen Menschen zu helfen. Diese Bestimmung unseres Lebens gilt bis zum Sterben, ja möglicherweise über den Tod hinaus. Denn irdisches Leben schwerkranker Menschen kann gerettet werden, wenn einem soeben Verstorbenen lebensfähige Organe entnommen werden dürfen, um sie zu transplantieren. Wer darum für den Fall des eigenen Todes die Einwilligung zur Entnahme von Organen gibt, handelt ethisch verantwortlich, denn dadurch kann anderen Menschen geholfen werden, deren Leben aufs Höchste belastet oder gefährdet ist. Angehörige, die die Einwilligung zur Organtransplantation geben, machen sich nicht eines Mangels an Pietät gegenüber dem Verstorbenen schuldig. Sie handeln ethisch verantwortlich, weil sie [...] im Sinne des Verstorbenen entscheiden, anderen Menschen beizustehen und [...] Leben zu retten.

In diesem Zusammenhang wird deutlich, wie wichtig es ist, das allgemeine Bewusstsein für die Notwendigkeit der Organspende zu vertiefen. Es warten viele Schwerkranke bzw. Behinderte auf ein Organ, weit mehr als Organe für Transplantationen zur Verfügung stehen. Die Ärzte und ihre Mitarbeiter, aber auch die christlichen Gemeinden, sind aufgerufen, ihren Beitrag zur sachlichen Aufklärung der Bevölkerung zu leisten, um mehr Möglichkeiten der Transplantation zu verwirklichen. Aus christlicher Sicht ist die Bereitschaft zur Organspende nach dem Tod ein Zeichen der Nächstenliebe und Solidarisierung mit Kranken und Behinderten.

aus: Organtransplantationen. Erklärung der Deutschen Bischofskonferenz und des Rates der Evangelischen Kirche in Deutschland, Hannover, Bonn 1990, S. 23 und S. 26 (Sonderdruck des Arbeitskreises Organspende)

M 5 Eine problematische Erklärung der Kirchen

Ich beginne bei der Sorge, die viele im Blick auf das Faktum haben, dass ein Leib nach einer Organentnahme nicht mehr „heil" ist; sie fragen, wie er auferstehen werde. Dazu ist zuerst zu sagen, *dass* Auferstehung in der Bibel nicht als das einfache Durchhalten der fleischlichen Leiblichkeit durch den Tod hindurch verstanden wird. […]
Paulus hat das in den Osterberichten Erzählte im Blick auf unser eigenes Auferstehen als Geschehen so beschrieben: „Dieses Verwesliche muss (wird) anziehen Unverweslichkeit und dieses Sterbliche muss (wird) anziehen Unsterblichkeit" (1. Kor. 15,42 b). Auch hier ist vom Bleiben eines Identischen und von Nichtidentischem zugleich die Rede. Doch indem er sich noch einmal abgrenzt gegen das Missverständnis, Auferstehung heiße einfach Fortsetzung der irdischen Leiblichkeit, an der Liebe, Lust und Leiden hängen, formuliert Paulus, „dass Fleisch und Blut das Reich Gottes nicht ererben kann, auch die Verweslichkeit nicht die Unverweslichkeit" (Vers 50). An Fleisch und Blut muss sich das Sterben und danach die neue Schöpfung vollziehen. Das ist das eine. Doch das andere gilt genauso: Die neue Schöpfung vollzieht Gott an dem alten Geschöpf. Neuschöpfung erzeugt keine Einheitsgestalt, sondern gilt dem alten Menschen in seiner Personalität, mit seiner unverwechselbaren Geschichte und geschieht in der Kraft des Geistes (Gal. 3,3). Das Fleisch stirbt und muss sterben. Doch der Auferstehungsglaube glaubt, dass „der, der Christus auferweckt hat von den Toten, wird auch eure sterblichen Leiber lebendig machen durch seinen Geist" (Röm. 8,11). […]
Wenn einem Menschen im Sterbeprozess (zumeist ohne sein Vorauswissen) aus seinem Leib etwas herausgenommen wird, was zeit seines Lebens als Organ zu ihm gehört hat, um in einem anderen Menschen weiterzuleben, steht nicht die Unversehrtheit, sondern die Personalität und Identität des Leibes als Problem da. Und zwar nicht deshalb, weil Gott einen solchen Menschen nicht auferwecken könnte, sondern allein deshalb, weil ein menschlicher Leib unter funktionalen Gesichtspunkten in Teile zerlegt und diese entindividualisiert werden, um einem anderen Individuum integriert zu werden. Das Problem betrifft also, um es auf den Punkt zu bringen, den […] Zugriff des Über-Wir[1] auf die zum einzelnen Menschen gehörenden Organe und sein ganzheitliches Sterben. Betrifft die Sorge um die Unversehrtheit des Leibes die Ganzheitlichkeit des Lebens, so mein Widerspruch gegen den de facto proklamierten Anspruch auf die funktionsfähigen Organe sterbender Menschen die Ganzheitlichkeit des Sterbens. Und es hat schon etwas Schamloses an sich, wenn diejenigen, die dem Übergriff auf ihre Organe willenlos ausgesetzt sind, noch als „Spender" bezeichnet werden. […]
Sophokles hat dagegen protestiert, dass der Staat über den Tod hinaus Hass verordnen wollte. Aber auch Liebe kann nicht verordnet werden und schon gar nicht ohne Beziehung zu konkreten Gegenübern. Wer Joh. 15,13 für die Bereitschaft zur Organexplantation in Anspruch nehmen will, muss Jesu Wort ernst nehmen: Da ist davon die Rede, dass einer sein eigenes Leben gibt, dass er es aus großer Liebe tut, und zwar für seine Freunde. Eine vom „Lebensrecht" argumentierende Schrift, die das seinen Jüngern gegebene Beispiel der Liebe Jesu in eine „Notwendigkeit" hinein vergesetzlicht, wird keinem dieser drei Elemente des Jesus-Wortes gerecht. Konkretisiert auf die bislang angesprochenen Detailprobleme heißt das: Wer doppelt vorhandene Organe oder Organteile aus seinem lebendigen Leib oder Organe aus seinem sterbenden Leib jemandem aus Liebe übertragen möchte, weil er glaubt, damit dem Beispiel Jesu folgen zu können, bleibt im Rahmen christlicher Liebe und Ethik.
Über den Rahmen der Gemeinde Jesu Christi kann nur die Liebe selber, aber keine für die Gesamtgesellschaft konzipierte Ethik hinausgehen. Eine solche Ethik darf sich auch nicht auf das Beispiel Jesu berufen und daraus Aufforderungen ableiten oder Notwendigkeiten des Handelns einsichtig machen wollen. Damit übernimmt sie sich nicht nur, sondern sie verwischt auch die Konturen des christlichen Glaubens.

aus: Klaus-Peter Jörns, Organtransplantationen: eine Anfrage an unser Verständnis von Sterben, Tod und Auferstehung, in: J. Hoff, J. in der Schmitten (Hg.), Wann ist der Mensch tot? Organverpflanzung und Hirntodkriterium. Rowohlt Verlag, Reinbek 1994, S. 372 ff. © Klaus-Peter Jörns

---

[1] Jörns benutzt hier den „Über-Wir"-Begriff Odo Marquardts aus dessen Aufsatz „Ende des Schicksals?" (in ders., Abschied vom Prinzipiellen, Reclam, Stuttgart 1981). M. schreibt, dass im Zeitalter der Kommunikation das in der Psychoanalyse Freuds beschriebene individualistische Über-*Ich* zum Über-*Wir* wird, in dem sich alle wiederfinden sollen und das alle kontrolliert.

A 9 Organtransplantation

M 6 Gegenwärtige und künftige Möglichkeiten der Organtransplantation

Hirnhaut:	In vielen pathologischen Instituten werden Leichen Hirnhäute entnommen, die als Rohstoff für verschiedene Operationen vertrieben werden.
Augenhornhäute:	Die in Deutschland am häufigsten verpflanzten Körperteile (ca. 3600).
Lunge:	Hier ist die Lebendspende möglich – einzelne Lungenklappen können gespendet werden.
Herz:	Die Herztransplantation scheitert noch oft an der Begrenztheit der Angebote an geeigneten Organen. Experimentiert wird mit Kunstherzen und Herzen genmanipulierter Schweine.
Brust:	Forscher experimentieren mit dem Ziel, vollständige weibliche Brüste zu züchten.
Leber:	Auch hier wird versucht, Lebendspenden durchzuführen: Kindern werden Teile der Leber eines Elternteils eingepflanzt.
Nieren:	Nierenkranken aus den Industrieländern werden in einigen asiatischen und südamerikanischen Ländern neue Organe transplantiert, wo Nieren von lebenden Spendern verkauft werden.
Magen/Darm:	In einigen Operationen wurden bereits Magen, Leber, Bauchspeicheldrüse, Nieren sowie Dick- und Dünndarm gleichzeitig ausgetauscht.
Fötale Hirnzellen:	Bei einigen Hirnerkrankungen, z. B. Alzheimer und Schizophrenie, wird mit der Einpflanzung von Hirnzellen abgetriebener Föten experimentiert.
Eierstöcke	Diese Transplantation soll unfruchtbaren Frauen ermöglichen, Kinder zu bekommen. Allerdings würden ihre Kinder genetisch von der toten Spenderin abstammen.
Eizellen/Spermien:	Die Reproduktionsmedizin benutzt Keimzellen als Rohstoff. Selbst von abgetriebenen Föten könnten noch fortpflanzungsfähige Vorstufen von Eizellen genommen werden.
Hand:	Es gibt Überlegungen US-amerikanischer Forscher, ganze Hände aus Gewebezellen zu züchten.
Knie:	1996 wurde in Bayern erstmals das vollständige Gelenk eines Toten verpflanzt.
Haut:	US-Firmen verkaufen bereits heute gefriergetrocknete Leichenhaut. Auch wird aus menschlichen Vorhautzellen neues Gewebe herangezüchtet.
Knochen:	In Würzburg gibt es eine Bank für demineralisierte tote Restknochen. Mit diesem kann nach Knochenbrüchen im Körper der Patienten neues Knochengewebe gezüchtet werden.

(Der Autor) Zeichnung: Sven Palmowski

M 1 Die Transplantation von Fötengewebe

Im Gegensatz zur Organverpflanzung benutzt die Fötalgewebetransplantation kein ganzes Organ, sondern Zellen oder Gewebe von fötalen Organen oder deren Vorläufern. Es findet damit eine „Miniaturisierung" der Organtransplantation statt. Gegenüber tierischem Gewebe bietet das fötale den Vorteil größerer Verträglichkeit und es steht potenziell in großem Umfang zur Verfügung: Das verarbeitende Quantum ist im Wesentlichen durch die Zahl der Abtreibungen begrenzt. Oft werden auch mehrere Föten für einen Patienten benötigt. Schwedische Wissenschaftler z. B. benutzten das Gewebe von 10 bis 16 Föten für einen Parkinson-Patienten.

Die Frage, ob durch Eingriffe mit Hilfe von fötalem Gewebe die Persönlichkeit von Menschen verändert wird, stellt sich besonders bei Eingriffen in das Gehirn des Patienten.

In der letzten Zeit werden immer mehr Krankheiten und Verhaltensabweichungen als Störungen des Gehirns angesehen. Bei der Alzheimer-Krankheit, Epilepsie, Schizophrenie, Chorea Huntington (Veitstanz), Multipler Sklerose, Schlaganfall, Blindheit, Hormon- und Gedächtnisstörungen wird international die Gewebeverpflanzung in das Gehirn erprobt. Der medizinische Ertrag dieser Experimente ist nicht nur bislang sehr umstritten – sie werfen auch nachdrücklich die Frage nach der menschlichen Identität auf. Dies gilt insbesondere dann, wenn man, wie es die Transplantationsmedizin gemeinhin tut, das menschliche Gehirn als Inbegriff und Zentrum der Persönlichkeit ansieht.

(Der Autor)

M 2 Fetalgewebe für Parkinsonpatienten

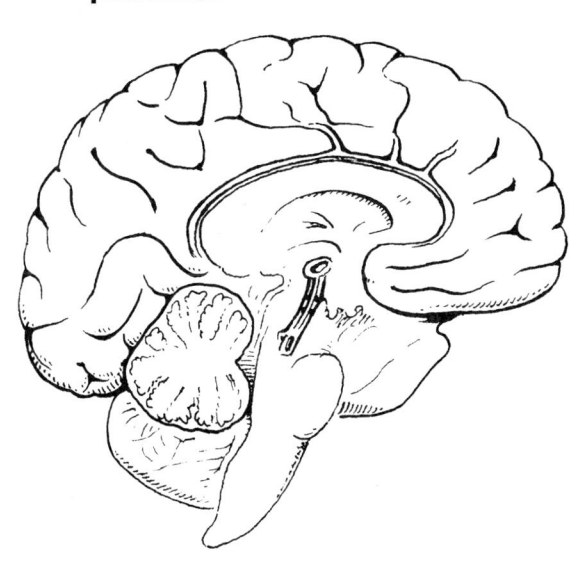

Eine kleine Anzahl von Hirnzellen wird einem abgetriebenen Embryo entnommen. Sie sollen beim Parkinson-Patienten die ungenügende Bildung des Botenstoffes Dopamin ausgleichen.
Die embryonalen Nervenzellen werden in einer Salzlösung aufgeschwemmt.
Die embryonalen Hirnzellen werden durch die Schädeldecke in das Mittelhirn des Patienten injiziert.
Die übertragenen Nervenzellen erzeugen dort das bewegungssteuernde Dopamin.

(Der Autor) Zeichnung: Sven Palmowski

A 10 Fötalgewebetransplantation

M 3 Interview mit Detlef B. Linke

Psychologie Heute: Werden der schnelle Fortschritt in der Hirnforschung und neue Möglichkeiten der Hirnchirurgie unser Bild vom Menschen verändern?

Detlef Linke: Das kommt darauf an, wie wir damit umgehen. Es ist tatsächlich etwas Neues, dass unser Gehirn zum Beispiel Gegenstand von Transplantationen geworden ist. Bisher war die herrschende Lehre: Nicht die allgemeinen Körperorgane machen die Persönlichkeit und Identität des Menschen, sondern das Gehirn – der Hirntod gilt in der Medizin als Kriterium für den Tod des Menschen. Nun wird plötzlich die Transplantationsmedizin ausgeweitet auf das Gehirn. Und ich glaube, dass die Neurotransplantation in Zukunft sogar bedeutender wird als die übrige Transplantationsmedizin. Wenn diese Technik nämlich erst einmal zur Behandlung der Alzheimerschen Krankheit eingesetzt wird, werden wir bei der umgekehrten Alterspyramide in den westlichen Industriestaaten ein stetig wachsendes Klientel für solche Eingriffe haben. [...]

PH: [...] Wenn man sich in die Situation von Betroffenen versetzt, die subjektiv heftig leiden, zum Beispiel unter quälenden Stimmen – kann ein solcher Leidensdruck und der starke Wunsch des Betroffenen, dieses Leiden loszuwerden, einen derartigen Eingriff rechtfertigen?

Linke: Ein solches Abwägen würde ich zum Beispiel bei Parkinson-Patienten für diskussionswürdig halten. Vertretungen von Parkinsonkranken sind sogar sehr daran interessiert, dass solche Operationen auch in der Bundesrepublik durchgeführt werden. In diesen Fällen ist jede Operation ein schwieriges Abwägungsproblem – denn es kann zu Komplikationen wie Blutungen, Infektionen oder tumorhaften Entartungen des eingepflanzten Gewebes kommen. In Mexiko hat ein Patient nach einem solchen Eingriff die Intelligenz verloren und ist völlig dement geworden.
Bei Schizophrenien halte ich eine Hirngewebe-Transplantation generell für nicht verantwortbar. Da die Schizophrenie eine Störung der Identität darstellen soll, ist es fast schon eine Karikatur, wenn man diese Störung ausgerechnet durch das Einpflanzen „nicht-identischen" Fremdgewebes zu therapieren versucht.

PH: Die Entwicklung in der Hirntechnologie steht noch ganz am Anfang. Was könnte da an Segensreichem und Schrecklichem noch auf uns zukommen?

Linke: Man könnte sich vorstellen, auch bei anderen Hirnkrankheiten und kognitiven Störungen Hirngewebe zu transplantieren, etwa bei der Multiplen Sklerose, Veitstanz (Chorea Huntington), der Epilepsie oder nach einem Schlaganfall oder einer Hirnverletzung bei einem Unfall. Es wäre möglich, dass man dabei auf der „Spenderseite" nicht mehr mit normalem embryonalen Hirngewebe arbeitet, sondern mit gentechnisch veränderten Zellen. Bisher fungieren ausschließlich (allerdings nicht zu diesem Zweck) abgetriebene Föten als „Spender" von Hirngewebe. [...]

PH: Vergreifen wir uns eigentlich an einem Allerheiligsten des Menschen, wenn wir ins Gehirn eingreifen – oder ist das ein Organ wie jedes andere?

Linke: Das kommt darauf an, wie wir den Personenbegriff verstehen. Ich meine, dass die Person, die Psyche, das Ich äußerst eng mit dem Gehirn verknüpft sind. Bisher gilt doch die Vorstellung, dass das Gehirn kein rein technisches System ist wie ein Computer, sondern mit einer Leiblichkeit behaftet ist. Diese Leiblichkeit hat der Mensch zum Teil schon verloren: Wenn das Herz aufhört zu schlagen, gilt ein Mensch in der Medizin noch nicht zwangsläufig als tot – erst der Hirntod bestimmt den Tod des Menschen. Das Gehirn, diese drei Prozent des Organismus, war bislang die letzte Zufluchtsstätte für die Persönlichkeit. Nun ist auch dieses Hirngewebe plötzlich austauschbar. Damit stehen wir vor einer neuen Kopernikanischen Wende. Mit Kopernikus hatte der Mensch seine Stellung in der Mitte des Kosmos verloren, jetzt erfährt das Subjekt, dass es nicht einmal einen „eigenen" Körper hat.

PH: Dagegen könnte man einwenden, dass bislang nur winzige Partikel von Hirngewebe verpflanzt werden.

Linke: Das ist eine Radio-Eriwan-Mentalität. „Ein bisschen schwanger" gibt es nicht. Entweder sind wir eine einheitliche Person. Dann ist da nicht etwas austauschbar. Oder wir sind von vornherein ein Stückwerk, das zu einem neuen Menschen zusammengesetzt werden kann. Bei einer Transplantation verändern wir sowohl die Hard- als auch die Software des Gehirns. Wenn ein paar Zellen ausgetauscht werden, so bringt das immer auch etwas Programmcharakter in das System hinein.
Ich habe die Verpflanzung von Hirngewebe zusammen mit einem Mathematiker auf einem Computer simuliert. Das Ergebnis: Wenn nicht starke Restriktionen in dieses System eingeführt werden, dann kann es zu Katastrophenreaktionen kommen – es kann passieren, dass das fremde System, also die eingepflanzten Zellen, das ursprüngliche System übervorteilt.

aus: Detlef B. Linke „Operationen am Ego". Abdruck mit freundlicher Genehmigung von PSYCHOLOGIE HEUTE, Heft 2/1995, S. 36 ff.

Reproduktionsmedizin A11

M 1 In-vitro-Fertilisation

Bei der In-vitro-Fertilisation werden die Eizellen mit den Samenzellen entweder des Ehemannes bzw. Partners (homologe Insemination) oder eines anonymen Fremdspenders (heterologe Insemination) in einer Schale befruchtet und nach wiederholter Zellteilung in den Eierstock eingesetzt. Das Verfahren soll dazu dienen, Menschen, bei denen die physischen Voraussetzungen nicht gegeben sind, zu einem „eigenen" Kind zu verhelfen. Allerdings ist die Erfolgsrate noch recht unbefriedigend und liegt nicht über der natürlichen Befruchtung.

Die stürmische Entwicklung der Reproduktionsmedizin führte in den vergangenen Jahren zu zahlreichen neuen Konstellationen bei der Fortpflanzung, so dass das traditionelle Verständnis von Elternschaft und Familie infrage gestellt erscheint.

(Der Autor)

M 2 Einige Fallbeispiele

1. Eine Leihmutter trug 1997 in Italien gleichzeitig zwei Babys von zwei verschiedenen Elternpaaren aus. Die künstlich befruchteten Zygoten waren der Leihmutter gleichzeitig eingepflanzt worden.
2. Der britische Arzt Paul Rainsbury warb 1997 damit, dass Eltern sich gegen einen Preis von etwa 27 000 Mark das Geschlecht ihres Kindes aussuchen könnten. Laut Rainsbury kann durch ein neues Verfahren schon 48 Stunden nach der in einer Schale durchgeführten Befruchtung das Geschlecht der Zygoten festgestellt werden.
3. In Belgien wünschten zwei Frauen, die zusammenlebten, ein Kind zu haben und entschlossen sich zur künstlichen Befruchtung mit Spendersamen. Um beide Frauen an dem Geburtsprozess zu beteiligen spendete eine die Eizellen, während die andere das Kind austrug.

(Der Autor)

M 3

„Darf ich bekannt machen: meine Verlobte – meine leiblichen Eltern, meine Adoptiveltern und meine Ziehmutter."

Zeichnung: © Jutta Karras, Pinneberg

M 4 Interview mit dem Reproduktionsmediziner Dr. Magli

Die italienische Frau lebt durchschnittlich 79 Jahre. Sie lassen jetzt ein Kind gebären, das im besten Fall mit 17 Jahren Waise wird. Schämen Sie sich nicht?
Absolut nicht. Die Mutter hat einen Haufen junger Schwestern, alle unverheiratet und glücklich das Kind aufzuziehen. Es wird eher verwöhnt werden.

Wie kann ein Arzt eine 62-jährige Frau gebären lassen?
Ich habe ihren Uterus mit Einspritzungen und Hormontabletten behandelt, habe eine Kontrollbiopsie entnommen und am 20. November 1991 habe ich Concetta die mit dem Samen ihres Mannes befruchtete Eizelle einer unbekannten Spenderin eingeführt. Concetta wurde schwanger. Als ich es ihnen sagte, brachen beide in Tränen aus.

So einfach?
Na ja, es ist nicht sofort gelungen. Ich habe es erst beim vierten Versuch geschafft.

Läuft eine so alte Mutter wirklich keine Gefahr?
Unter ärztlicher Kontrolle nicht. Ihre Schwangerschaft ist keine Gefahr, weil die Hormone, die ihr fehlen, von außen verabreicht werden.

Aber Hormone sind gefährlich...
Es genügt, alle drei Monate einen Paptest (Untersuchung des Gebärmutterschleimes, d. Red.) und eine diagnostische Abrasio vorzunehmen.

Aus welchem Grund?
Diese Östrogene können einen Uteruskrebs verursachen.

Warum unterzieht sich eine Frau einer solchen Qual, um mit 62 Jahren ein Kind zu gebären?
Frau Concetta ist seit 1953 mit einem drei oder vier Jahre jüngeren Mann verheiratet. Sie kommen aus Kalabrien: Er ist Kaufmann und sie Hausfrau und sie haben keinen Pfennig. Sie hat nie Kinder gehabt, weil sie als Mädchen durch Tuberkulose steril wurde. Sie hatte resigniert. Als sie mit 58 Jahren entdeckte, dass ihr Mann, obwohl schon mit ihr verheiratet, mit einer anderen Frau zwei Kinder gezeugt hatte, wandte sie sich an mich.

Eine Rache am untreuen Mann?
Natürlich, diese Frau war sehr wütend. Aber andere Patientinnen haben viele andere Gründe. Es gibt viele alte Frauen, die Kinder gebären wollen, um sich die Erbschaft ihres Mannes zu sichern. Fast alle kommen aus Sizilien: Allein in Syrakus und Umgebung habe ich vier Kinder von Frauen in den Wechseljahren gebären lassen.

Wie ist das Durchschnittsalter ihrer Patientinnen in den Wechseljahren?
50 Jahre. Aber es gibt eine mit 60 Jahren, im 5. Monat schwanger. Sie hat ihren einzigen Sohn verloren, als er 40 Jahre alt war; er hatte Krebs. Sie ist mit ihrer Schwiegertochter zu mir gekommen, weil diese ein Kind gebären sollte. Aber der Schwiegertochter war der Uterus entfernt worden. Die Lösung: Eine von einer Schwester der Schwiegertochter gespendete Eizelle wurde mit dem Samen des Vaters des Toten befruchtet und in die Gebärmutter der Mutter des Toten eingeführt. Wenn das Kind zur Welt kommt, wird es von der Witwe aufgezogen werden.

Was für ein verrücktes Durcheinander! Wer wird die Mutter dieses Kindes sein? Die „Tante", die „Großmutter"?
Überlegungen dieser Art führen zu nichts.

Doktor Magli, sind Sie katholisch?
Ja.

Als Sie Teresa Ferro, das Mädchen mit dem vorbestimmten Geschlecht auf die Welt bringen ließen, sagte der Papst „Wenn man das, was menschlich ist, manipuliert, so kann das zur Entmenschlichung führen."
Diese Einwände gelten auch für die Befruchtung in der Retorte oder für jede andere Technik der künstlichen Befruchtung. Eine Sache ist die Religion, eine andere ist der gerechtfertigte Wunsch nach Zeugung.

aus: Gen-ethischer Informationsdienst 79/80, August 1992, S. 30 ff.

M 1 Ein Widerspruch zur Würde der Fortpflanzung

Die moralische Bedeutung des Bandes, das zwischen den Sinngehalten des ehelichen Aktes und zwischen den Gütern der Ehe besteht, die Einheit des menschlichen Wesens und die Würde seines Ursprungs erfordern, dass die Zeugung einer menschlichen Person als Frucht des spezifisch ehelichen Aktes der Liebe zwischen den Eheleuten angestrebt werden muss. Es zeigt sich also, welch große Wichtigkeit das Band, das zwischen Fortpflanzung und ehelichem Akt besteht, auf anthropologischem und moralischem Gebiet hat und so erklärt sich die Position des Lehramts bezüglich der homologen künstlichen Befruchtung. [...]
Die homologe FIVET wird außerhalb des Leibes der Eheleute mit der Hilfe der Handlungen dritter Personen durchgeführt, deren Kompetenz und technische Leistung den Erfolg des Eingriffs bestimmen; sie vertraut das Leben und die Identität des Embryos der Macht der Mediziner und Biologen an und errichtet eine Herrschaft der Technik über Ursprung und Bestimmung der menschlichen Person. Eine derartige Beziehung von Beherrschung widerspricht in sich selbst der Würde und der Gleichheit, die Eltern und Kindern gemeinsam sein muss.
Die Empfängnis *in vitro* ist Ergebnis einer technischen Handlung, die die Befruchtung vornehmlich bestimmt; sie *ist nicht Ausdruck und Frucht eines spezifischen Aktes ehelicher Vereinigung, weder wird sie tatsächlich so herbeigeführt noch wird sie positiv angestrebt als Ausdruck und Frucht eines spezifischen Aktes der ehelichen Vereinigung. Selbst wenn man sie im Kontext der tatsächlich bestehenden ehelichen Beziehungen betrachtet, ist in der homologen FIVET die Zeugung der menschlichen Person objektiv der ihr eigenen Vollkommenheit beraubt; nämlich Zielpunkt und Frucht eines ehelichen Aktes zu sein,* durch den die Eheleute „im Schenken des Lebens an eine neue menschliche Person zu Mitarbeitern Gottes" werden. *Diese Gründe lassen verstehen, warum in der Lehre der Kirche der eheliche Liebesakt als der einzige der menschlichen Fortpflanzung würdige Ort angesehen wird.* [...]
Sicherlich ist die homologe FIVET nicht von all der ethischen Negativität belastet, die man in der außerehelichen Fortpflanzung vorfindet; Familie und Ehe bleiben weiterhin der Raum für die Geburt und die Erziehung des Kindes. Dennoch – in Übereinstimmung mit der traditionellen Lehre über die Güter der Ehe und die Würde der Person – *bleibt die Kirche aus moralischer Sicht bei der Ablehnung der homologen In-vitro-Befruchtung; diese ist in sich unerlaubt und steht in Widerspruch zur Würde der Fortpflanzung und der ehelichen Vereinigung, selbst wenn alles getan wird, um den Tod des menschlichen Embryos zu vermeiden.*
Obwohl die Art und Weise, in der die menschliche Empfängnis in der FIVET herbeigeführt wird, nicht gebilligt werden kann, muss man doch jedes Kind, das auf die Welt kommt, als lebendiges Geschenk der göttlichen Güte annehmen und mit Liebe aufziehen. [...]
Das Leiden der Eheleute, die keine Kinder bekommen können oder die befürchten, ein behindertes Kind auf die Welt zu bringen, ist ein Leid, das alle verstehen und angemessen würdigen müssen.
Vonseiten der Eheleute ist der Wunsch nach einem Kind natürlich: Er drückt die Berufung zur Vaterschaft und zur Mutterschaft aus, die der ehelichen Liebe eingeprägt ist. Dieser Wunsch kann noch stärker sein, wenn das Ehepaar an einer Sterilität leidet, die unheilbar zu sein scheint. Freilich gewährt die Ehe den Gatten nicht das Recht, ein Kind zu haben, sondern nur das Recht, diejenigen natürlichen Akte zu vollziehen, die aus sich heraus auf die Fortpflanzung hin ausgerichtet sind.
Ein Recht im wahren und eigentlichen Sinn auf das Kind widerspräche dessen Würde und dessen Natur. Das Kind ist nicht etwas Geschuldetes und kann nicht als Eigentumsobjekt aufgefasst werden: Es ist vielmehr ein Geschenk, „das vorzüglichste" und das am freiesten gegebene der Ehe; es ist lebendiges Zeugnis der gegenseitigen Hingabe seiner Eltern. Deswegen hat das Kind das Recht – wie erinnert worden ist –, die Frucht des spezifischen Aktes der ehelichen Hingabe seiner Eltern zu sein und hat ein Recht darauf, vom ersten Augenblick seiner Empfängnis an als Person geachtet zu werden.
Allerdings ist die Sterilität, was auch immer die Ursachen und die Prognose sein mögen, sicherlich eine harte Prüfung. Die Gemeinschaft der Gläubigen ist aufgerufen, das Leid derer, die einen berechtigen Wunsch nach Vater- und Mutterschaft nicht erfüllen können, zu erhellen und mitzutragen. Die Eheleute, die sich in dieser schmerzlichen Lage befinden, sind aufgerufen, in ihr die Gelegenheit für eine besondere Teilnahme am Kreuz des Herrn zu entdecken, eine Quelle geistlicher Fruchtbarkeit.

aus: Sekretariat der Deutschen Bischofskonferenz (Hg.), Instruktion der Kongregation für die Glaubenslehre über die Achtung vor dem beginnenden menschlichen Leben (Verlautbarungen des Apostolischen Stuhls Nr. 74), Bonn 1987, S. 24 ff.

M 2 Künstliche Befruchtung in evangelischen Krankenhäusern

Die Reproduktionsmedizin macht den Übergang von Heilverfahren zu technischen Schöpfungsakten fließend, sie steht in der Gefahr, an die Stelle personaler Verantwortung im Prozess der Entstehung von Leben ein mit Risiken und Missbrauchsmöglichkeiten belastetes Produktionssystem zu setzen. Ob dabei die unveräußerliche Würde, die jeder Mensch auch in seinem generativen Verhalten vor Gott hat, noch gewahrt bleiben kann, ist mit einem großen Fragezeichen zu verstehen. Das als Kassenleistung anerkannte Verfahren der künstlichen Befruchtung als Einstieg in die Reproduktionsmedizin sollte deshalb nicht zum Angebot eines evangelischen Krankenhauses gehören. […]

Das Verfahren der In-vitro-Fertilisation zeigt in seiner technischen Handhabung sehr deutlich, wie insbesondere der Körper der Frau zum Experimentierfeld wird, zerstückelt in unpersönliche Teilfunktionen. Niemand beabsichtigt dies, vor allem nicht der Arzt und doch scheint das Verfahren der In-vitro-Fertilisation mit seinem Versuchscharakter und seinen geringen Erfolgen eine entwürdigende Logik zu haben.

Ich halte es für wichtig, dass die Trägerorgane und darüber hinaus alle Beteiligten im Krankenhaus auf die Stimme der Frauen achten. In den kirchlichen Schwesternverbänden ist der Anteil derer, die nach reiflicher Prüfung den Einstieg in die Reproduktionsmedizin ablehnen, sehr hoch. Mehr möchte ich als Mann an dieser Stelle nicht sagen. […]

Ich bringe meine Überlegungen und Beobachtungen auf den Punkt, indem ich vier ethisch-theologische Gesichtspunkte formuliere, die ein evangelisches Krankenhaus bezüglich der Reproduktionsmedizin berücksichtigen sollte:

– Die unverwechselbare Persönlichkeit des Menschen hängt nach christlicher Auffassung daran, dass Anfang und Ende des Lebens gegeben sind, präziser: von Gott gegeben sind. Die Reproduktionsmedizin hat die Voraussetzungen dafür geschaffen, dass das von Gott Gegebene zum Gestaltungsraum in menschlicher Eigenverantwortung geworden ist. Ärzte betonen, dass Sterilität kein Schicksal mehr sein muss. Evangelische Krankenhäuser sollten bestrebt sein, dem „Griff nach dem menschlichen Leben im Stadium der Menschwerdung" (Petersen) klare Grenzen zu setzen.

– Das Leben gleicht nach christlicher Auffassung einem „offenen System". Das heißt: Der Mensch ist nicht „fertig" und wird auch nicht durch seinesgleichen perfekt gemacht. Der Mensch ist immer auch behindert, unvollkommen, er lebt leiblich-seelisch auf seine Ganzheit, das heißt Erlösung hin und diese kann er nicht selber machen. Dies schließt die Anerkennung des Leidens und der Unvollständigkeit ein, nicht jedoch deren Rechtfertigung. […]

Kinderlosigkeit kann so etwas wie eine Aufgabe sein, nicht nur ein wegzumachendes Leiden.

– Die unbegrenzte Ausweitung des Krankheitsbegriffs, wie im Falle der Kinderlosigkeit, ist Ausdruck eines Fortschrittoptimismus, der die Unverfügbarkeit und das Geheimnis des einzelnen Lebens nicht mehr wirklich respektiert. Wichtig bleibt, dass die unveräußerliche Würde des Einzelnen vor Gott geachtet wird, eine Würde, die auch die Nichterfüllung von Lebensmöglichkeiten einschließt.

– Evangelische Krankenhäuser sollten ein kritisches und zugleich positives Verhältnis zu dem haben und gewinnen, was als echter humaner Fortschritt anzusehen ist. Kritisch sollten sie sein, weil nach der kritiklosen Mitwirkung der evangelischen Krankenhäuser an den Sterilisationsaktionen im Dritten Reich, die als „sozialhygienischer Fortschritt" auf der Grundlage der Erbgesundheitsgesetze von 1933 ff. bejaht wurden, der Fortschrittsgedanke nachhaltig diskreditiert wurde. Positiv sollten sie sein, weil der göttliche Auftrag zur Bebauung, sprich: Gestaltung und relativen Verbesserung dieser Erde, weiterhin seine Gültigkeit hat.

aus: Johannes Degen, Ein Kapitel „Trägerethik". Reproduktionsmedizin in evangelischen Krankenhäusern, in: Evangelische Kommentare 5/94, S. 279 f.

Klonen A 13

M 1

„Ob wir nur tierische oder auch menschliche Embryos klonen? Also – sagen wir mal, teils, teils."
Zeichnung: Cartoon GmbH (Peter Neugebauer/Stern), Hamburg

M 2 Gen-Wahnsinn: völlig gleiche Babys gezüchtet!

WASHINGTON, 25. 10. – Unglaublich: Der US-Forscher Jerry Hall, Direktor des Labors für künstliche Befruchtung an der George-Washington-Universität, hat mit seinem Team aus 17 Embryonen im frühesten Entwicklungsstadium 48 „produziert". Die Embryonen waren bei der künstlichen Befruchtung angefallen und nicht lebensfähig, da sie mehrfach befruchtet worden waren. Hall betonte, dass die Experimente von der Ethikkommission seiner Universität genehmigt worden waren. Es habe sich bei den Versuchen darum gehandelt, wertvolle Erkenntnisse für die künstliche Befruchtung bei kinderlosen Paaren zu sammeln. Bei einer künstlichen Befruchtung soll es dann möglich sein, mehrere identische Embryonen in die Gebärmutter einzusetzen und damit die Chance auf ein Baby zu erhöhen. Am 13. 10. diesen Jahres war Hall auf einem Kongress der amerikanischen Fruchtbarkeitsgesellschaft, wo er seine Ergebnisse vorgetragen hatte, mit einem Preis ausgezeichnet worden.

In Stellungnahmen sprach der vatikanische „Osservatore Romano" von einer „perversen Entwicklung" und nannte die möglichen Folgen eine „Horrorgeschichte". Der französische Präsident Mitterand erklärte, er könne noch nicht einmal den Gedanken an solche Experimente ertragen. Er werde an Sciencefictionromane erinnert.

(Der Autor)

A 13 Klonen

M 3 Ein wilder Blödsinn

Das ganze ist ein wilder Blödsinn, dazu geeignet, das ohnehin schon ramponierte Menschenbild unserer Zeit noch mehr zu besudeln. Wenn es so weitergeht, werden wir bald die ersten patentierten Menschen haben, die natürlich einer Pharmafirma gehören werden. Schon in den ersten Berichten über die widerlichen Klonversuche war die Rede davon, dass einige Klons als Organspender für ihre glücklicheren Brüder dienen könnten. Medikamentenmacher brennen darauf, ihre neuen Produkte am Menschen testen zu können. Ich sehe grauenvolle Aussichten: den Beginn einer Molekularsklaverei, mit der verglichen die Grauslichkeiten der Vergangenheit verblassen werden.

Ich weiß, ich weiß, alle diese Forscher sind arme kleine Leute, die der Menschheit helfen zu wollen vorgeben müssen. Sie imitieren nur ihre zum Teil ärgeren und gewissenloseren Vorgänger. In einer Welt aufgewachsen, in der alles erlaubt ist, was gemacht wird, und alles gemacht, was gemacht werden kann – an wem sollen sie sich orientieren? An den offiziellen Bioethikern? Das Klonen von so genannten Nutztieren ist eine weit verbreitete lukrative Technik. Ist der Mensch nicht das edelste Nutztier?

Was können wir in dieser Walpurgisnacht unternehmen? Ich fürchte, nicht sehr viel, denn wir sind alle Sklaven des so genannten Sachzwanges geworden. Vor der so lärmend aufgerollten Flagge der Forschungsfreiheit halten wir den Mund. Wenn irgendwo auf der Welt jede Art von Experimenten am Menschen verboten würde, so würde die Drohung der biotechnischen Firmen und Forschungsinstitute, sich nach Amerika oder Neuseeland zu verlegen, hinreichen, jede Regelung zum Scheitern zu bringen.

aus: Erwin Chargaff, Über das Fieber der Vernunft. Die Biologie wird mehr gefördert als ihr gut ist. Anmerkungen zu den geklonten menschlichen Embryonen, in: Wochenpost, 18. 11. 1993

M 4 Drei Mütter, kein Vater

1. Dem genetischen Mutterschaf werden Euter-Zellen entnommen. Nach einer Veränderung im Nährmedium kann die Erbsubstanz dieser Zellen den Zusammenbau eines vollständigen neuen Tieres steuern.
2. Einem zweiten weiblichen Schaf werden Eizellen entnommen.
3. Die Erbsubstanz einer Eizelle wird abgesaugt. Eine der Euter-Zellen wird durch elektrische Impulse mit der entkernten Eizelle verschmolzen. Die Eizelle wird nun vom Erbgut der Genmutter bestimmt und fängt bald an sich zu teilen.
Der Embryo wird in die Gebärmutter eines weiteren Schafes eingepflanzt.

Dolly kommt (nach der üblichen Tragzeit) zur Welt. Sie ist mit ihrer Genmutter genetisch identisch.

(Der Autor)

M 5 Interview mit Dr. Ian Wilmut

Spiegel: Dr. Wilmut, bei einer Umfrage in den USA haben sechs Prozent aller Befragten angegeben, sie wünschten ein Klon von sich selbst. Wie viele Interessenten haben sich in der zurückliegenden Woche bei Ihnen gemeldet?

Wilmut: Einige hundert, übrigens vor allem Frauen. Darüber hinaus bekamen wir unzählige Zuschriften von Leuten, die uns beglückwünschten und uns für unsere weitere Arbeit ermutigten.

Spiegel: Haben Sie mit derart heftigen Reaktionen der Öffentlichkeit gerechnet?

Wilmut: Absolut. Wir freuen uns auch darüber, denn wir wollen, dass eine gründliche Diskussion über unsere Technik in Gang kommt. [...]

Spiegel: Solche Projekte versetzen viele Menschen in Panik. Es herrscht die große Angst, Ihre Technik könnte missbraucht werden.

Wilmut: Die Angst ist völlig berechtigt. Wir haben von Beginn an gesagt: Mit unserer Technik lassen sich auch genetische Kopien von Menschen herstellen. Nur eindeutige Gesetze können das verhindern.

Spiegel: Doch Gesetze werden gebrochen.

Wilmut: Natürlich. Aber im Großen und Ganzen ist die Menschheit doch eine sehr moralische Gattung.

aus: DER SPIEGEL 10/1997, S. 220

M 6 Für den Fortschritt der Menschheit

Es wäre äußerst wichtig, menschliche Zellreihen auf einem Medium von genau bekannter chemischer Zusammensetzung züchten zu können. Vielleicht wäre der erste Schritt die Erzeugung eines Klons aus einem einzigen befruchteten Ei wie in „Brave New World". Dies wäre nur von geringem sozialem Wert. Die Erzeugung eines Klons aus Zellen von Menschen mit anerkannten Fähigkeiten dagegen wäre etwas ganz anderes und könnte die Möglichkeiten menschlicher Entwicklung gewaltig ändern. Außergewöhnliche Menschen haben meist eine unglückliche Kindheit, weil ihre Eltern, Lehrer und Zeitgenossen sie zwingen wollen, sich dem normalen Standard anzupassen. Viele sind durch traumatische Kindheitserlebnisse für ihr ganzes Leben geschädigt. Vielleicht könnte ein großer Mathematiker, Dichter oder Maler sein Leben nach dem 55. Jahr äußerst nützlich verbringen, wenn er seinen klonischen Nachwuchs so erzieht, dass wenigstens einige der eigenen Schwierigkeiten vermieden werden.

Nach dem Gesetz, dass die Menschen zunächst alle denkbaren Fehler begehen, bevor sie den richtigen Weg wählen, kann man kaum daran zweifeln, dass anfangs die falschen Leute klonisch vermehrt würden. Aber jeder, der für diesen Zweck ausgewählt wird, überragt vermutlich den Durchschnitt in irgendeiner Hinsicht beträchtlich.

aus: J. B. S. Haldane, Biologische Möglichkeiten für die menschliche Rasse in den nächsten zehntausend Jahren, in: R. Jungk, H. J. Mundt (Hg.), Das umstrittene Experiment: Der Mensch. © Campus Verlag, Frankfurt am Main 1988

M 7 Klone als Organreservoir

Ein Mittel, mit dessen Hilfe Erwachsene sicherstellen könnten, im Bedarfsfall stets über die passenden Transplantate zu verfügen, bestünde darin, sich selbst zu klonen und den daraus entstandenen Klon – vielleicht sogar bis zum Erwachsenenstadium – heranzuziehen, um Organtransplantationen vornehmen zu können, wie und wann immer das erforderlich sein sollte. Der Klon könnte ein mit ihnen in jeder Hinsicht identischer Erwachsener sein. Wenn er das wäre, so könnte er natürlich selbst das Recht einfordern, die Organe des „Originals" zu erhalten, anstatt seine eigenen spenden zu müssen. Um dieses „Problem" aus dem Weg zu räumen, könnten die Originale veranlassen, dass die Gehirne der Klone zerstört werden, sobald sie sich im Embryo herausbilden, oder zumindest so viel vom Gehirn, dass keine Bewusstseinsentwicklung stattfinden kann. Der Klon könnte ernährt und sogar trainiert werden. Und sollte der Fall eintreten, dass der Körper des Originals völlig zerstört würde, so könnte man so verfahren, dass man ihr oder sein Gehirn dem Klon implantiert, anstatt dem Original die Organe des Klons einzupflanzen – und das Leben könnte weitergehen. Mit einem unbegrenzten Vorrat an solchen Klonen in unterschiedlichen Entwicklungsstadien könnte man das Original so lange am Leben erhalten, wie sein Gehirn intakt bleibt. Möglicherweise hätten die aus diesem Prozess hervorgegangenen Wesen (oder die Serie von Wesen) mit Identitätsproblemen zu kämpfen, aber angesichts der Alternative einer völligen Auslöschung würden sie (vermutlich) die Identitätskrise als das geringere Problem ansehen.

aus: John Harris, Der Wert des Lebens. Eine Einführung in die medizinische Ethik. © Akademie Verlag, Berlin 1995, S. 183

M 8 Anwendungsmöglichkeiten

Zusammengefasst geht es darum,
– durch die Vervielfältigung mehr Embryonen bei der Retortenbefruchtung einzusetzen und damit die Chance einer Schwangerschaft zu erhöhen;
– eine Embryo-Kopie für genetische Checks zu verbrauchen, um die gesundheitliche Qualität des „Originals" zu garantieren (diese so genannte Präimplantationsdiagnostik wird bereits in den USA, Großbritannien und anderen Ländern praktiziert);
– eineiige Zwillinge zeitversetzt zur Welt zu bringen, falls die Eltern am ersten Kind Gefallen gefunden haben;
– durch eine „Sicherheitskopie" bei der In-vitro-Fertilisation ein Kind „nachzuzeugen", sollte das erste sterben;
– einem Erwachsenen die Möglichkeit zu geben, „sich selbst" als identischen Zwilling Jahre später auszutragen – bzw. für Männer: austragen zu lassen (und damit das Phantasma der Selbsterschaffung zu realisieren);
– eine Embryo-Kopie tiefgekühlt als Organ-, Gewebe- und Eierstockersatz zu lagern, als identisches, immunologisch passendes „Reservoir" für Transplantationszwecke;
– einen Klon anderen zu schenken oder zu verkaufen. Beispielsweise könnten Tiefkühlklone durch eine kommerzielle Agentur „vermarktet" werden, wo das Kind als „Prototyp" per Katalog oder Video vorgeführt würde und bestellt werden könnte.

Die Ergebnisse des NABER-Komitees (1993), aus: Ingrid Schneider, Föten. © Campus Verlag, Fankfurt am Main 1995, S. 146 f.

A 13 Klonen

M 9 Recht auf Unwissen

Aber den Hauptgewinn unseres Beispiels für die ethische Theorie sehe ich doch in der Sichtbarmachung eines Rechtes auf Unwissen, das auch da verletzt ist, wo kein physisches Mißgeschick Grund zu Beschwerden mehr äußerer Art gibt, also im technisch völlig geglückten Falle. Daß des Wissens zu wenig sein kann und meistens ist, war von je bewußt. Daß seiner zu viel sein kann, steht plötzlich vor uns im grellen Licht. Offenbar sind es zwei sehr verschiedene Arten von Wissen und Unwissen, die hier in Rede stehen. Wenn wir sonst die Verantwortungen technologischer Macht erörtern, plädieren wir wohl für die Bescheidenheit eines einzugestehenden Nichtwissen auf seiten möglicher Opfer unseres Tuns. Im einen Fall kann es sein, dass wir zu wenig wissen, um etwas zu tun, was nur ein volles Wissen rechtfertigen könnte; im anderen Fall könnten die Erzeugnisse unseres Tuns zu viel wissen, um irgend etwas mit der erratenden Spontaneität echter Tat zu tun. Das sittliche Gebot, das hier die erweiterte Bühne moderner Macht betritt, lautet also: Niemals darf einem ganzen Dasein das Recht zu jener Ignoranz versagt werden, die eine Bedingung der Möglichkeit authentischer Tat, d. h. der Freiheit überhaupt ist; oder: Achte das Recht jedes Menschenlebens, seinen eigenen Weg zu finden und eine Überraschung für sich selbst zu sein. Die Frage aber, wie diese Verfechtung eines Nichtwissens um sich selbst sich mit dem alten Gebot „Erkenne dich selbst" vereinbar ist, ist gar nicht schwer zu beantworten. Man muß nur verstehen, daß die Selbst-Entdeckung, die jenes Gebot uns aufgibt, selber ein Weg des Werdens eben dieses Selbst ist: aus dem unbekannt Sich-Bekannt-werden, das in den Proben des Lebens vor sich geht – und von dem hier bekämpften Vorwissen versperrt würde.

aus: Hans Jonas, Technik, Medizin, Ethik. © Insel Verlag, Frankfurt am Main 1985, S. 194

M 10 Entwicklung nicht aufzuhalten

Zu spät. Das Grundrecht auf Nichtwissen, das die Hegung existenzieller Freiheit aus biologischer Einmaligkeit garantieren soll, lässt sich nicht mehr aufrichten, der „Zufall des Geschlechtsgeschehens", den Jonas als den „unersetzbaren Segen wie die unvermeidbare Last unseres Loses" anruft, ist nicht mehr zurückzuholen. Von Tag zu Tag wird das Terrain, über das der Zufall noch herrschen darf, weiter eingeengt. Ein Stück Eugenik, manipulierte Evolution, ist in den meisten Techniken enthalten, welche die Reproduktion umlagern: in den verschiedenen Formen künstlicher Befruchtung; in der pränatalen Genomdiagnostik, in Amniozentese und Geschlechtsbestimmung; einen eugenischen Effekt enthält auch die individuelle Genkarte, erst recht das „genetic screening" ganzer Populationen, die beide sich kaum werden aufhalten lassen. Vorbei ist es mit der Unschuld des „Zufalls des Geschlechtsgeschehens", wenn im Prinzip allen Vorgängen, die den einen Akt umgeben, durch Steuerung die Naturwüchsigkeit genommen ist. [...]

Jonas traut dem Humanum, das dem Genduplikat offenbar versagt wäre, nicht viel zu, wenn er es an die Unterschiedlichkeit der Körpergehäuse fixiert. Wobei die Gleichheit des Klons mit dem einen Erzeuger, das will er übersehen, nur eine des Anfangs, des Rohzustandes wäre. Denn niemals lebten, entwickelten sich ja in Raum und Zeit Genomurheber und Ebenbild unter identischen Bedingungen, bei aller Ähnlichkeit würde ihre Physis sich je eigen ausprägen müssen. Und wenn um die „Unbefangenheit der Umwelt" gefürchtet wird, die nur dem biologisch Einmaligen gälte und vor dem Ebenbild dahin wäre, dann verrät das ebenso Misstrauen in die Gesellschaft wie Unkenntnis von ihr. Denn solange Gesellschaft ist, lebt sie von Differenz – heute bis zur Süchtigkeit – und wird diese immer aufspüren und hervorlocken. An dem Umgang mit eineiigen Zwillingen konnte man schon immer beobachten, wie gerade die Sensation des Gleichen oder Ähnlichen die Suche nach den Unterschieden provoziert, damit jedem sein Recht werden kann. Wäre also eine Gesellschaft, die den Erdenwandel mehrerer Ebenbilder erlaubte und ihn gar wohlgefällig betrachtete, deswegen schon barbarischer oder unfreier? Bestünde nicht vielleicht die Regression im Festschreiben eines Gesellschaftszustandes, in dem die Chance der Individuation wie der Gesellung auf die Eigenartigkeit der einmalig produzierten Naturform angewiesen ist? [...]

Die Konsequenz wäre dann, den genetischen Code, aus Angst vor unbefugter Lektüre und respektloser Nutzung, in den Giftschrank der Universalbibliothek des Lebens wegzusperren. Was natürlich nicht geht. Die Lesbarkeit des genetischen Textes erlaubt nicht mehr, die Natur in ihrer Geheimnisfülle noch einmal zu sakralisieren und die entschlüsselte Botschaft nur als Befehl zu verstehen, die Evolution als oberste und damit gerechte Instanz unangetastet zu lassen.

aus: Claus Koch, Ende der Natürlichkeit. © Carl Hanser Verlag, München – Wien 1994, S. 92 ff.

M 1 Freie Wahl der Eigenschaften der Kinder

Welches Ergebnis müssen wir mehr fürchten? Eine Zukunft, in der Eltern die Merkmale der Kinder, die ausgetragen werden, frei wählen können, oder eine Zukunft, in der man sich auf Gründe berufen kann, um einer Frau sowohl die Information über ihren Fötus als auch den erwünschten Abbruch der Schwangerschaft zu verweigern? [...]

Wer den Weg in eine Zukunft versperren will, in der Eltern die Merkmale auszutragender Kinder wählen können, der wird, wie uns die Geschichte der pränatalen Diagnostik offenbar lehrt, die Normen des wissenschaftlichen Berufsstandes ändern, in der medizinischen Praxis zu paternalistischen Verfahrensweisen zurückkehren und das Recht der Frau, eine Abtreibung zu verlangen und durchzusetzen, einschränken müssen. Solange die Normen des wissenschaftlichen Berufsethos unverändert bleiben, werden Wissenschaftler ihre Entdeckungen nicht nur bekannt geben, sondern ihnen auch möglichst große Resonanz verschaffen wollen. Unter diesen Umständen werden Genominformationen notwendigerweise rasch ihren Weg in das medizinische System finden – so wie im Fall des Geschlechtschromatins. Solange sich in der Welt der Medizin die Entwicklung fortsetzt, die von der Bevormundung zur verstärkten Achtung des Selbstbestimmungsrechts der Patienten führt, kann man also auch die genetische Information über den Fötus nicht als das ausschließliche Privileg der Ärzte betrachten. Wenn die Patientinnen Zugang zu diesen Informationen haben, werden einige von ihnen zweifellos einen Schwangerschaftsabbruch verlangen, den ihr Arzt nicht billigt. Und solange die Abtreibung auf Verlangen gesetzlich möglich bleibt, werden sie diese letztlich auch vornehmen lassen können. Das wäre nur zu verhindern, indem man die Rechtmäßigkeit an Bedingungen knüpft – einen Abbruch zum Beispiel nur nach einer Vergewaltigung erlaubt –, und diese Bedingungen die Entscheidungsfreiheit bei der Fortpflanzung in Frage stellen würden. Mit anderen Worten, wer verhindern will, dass Mütter die Merkmale der auszutragenden Kinder wählen können, muss gegen die Normen des Wissenschaftsbetriebs verstoßen, die Rückkehr zum Paternalismus in der Medizin betreiben und die Möglichkeiten für Frauen einschränken, einen Schwangerschaftsabbruch vorzunehmen.

Ist die Angst vor einer solchen Zukunft diesen Preis wert? Die Geschichte der Pränataldiagnostik legt eine negative Antwort nahe. Auch die Untersuchungen feministischer Ethikerinnen lassen vermuten, dass wir praktisch wenig zu befürchten haben, solange die Entscheidung über die Nachkommen jeweils der Frau überlassen bleibt.

Was wir meines Erachtens befürchten müssen, ist die Einmischung des Staates in einem beliebigen Stadium der pränatalen Diagnostik – von einer Kontrolle der wissenschaftlichen Forschung über die Kontrolle der Informationsvermittlung bis zur Kontrolle der Abtreibung. Nicht wenige möchten persönliche Ängste hinsichtlich der Folgen des Genomprojekts bekämpfen, indem sie staatliche Eingriffe befürworten. Einige wünschen beispielsweise den Verzicht auf staatliche Förderung; andere möchten die Ärzte daran hindern, Informationen an Patienten weiterzugeben oder Schwangerschaftsunterbrechungen durchzuführen, die entweder mit dem Geschlecht des Ungeborenen oder seinem medizinischen Zustand begründet werden. Doch wer so argumentiert, sollte die Konsequenzen sorgfältig bedenken. Wenn der Staat den Arzt daran hindert, Informationen an seinen Patienten weiterzugeben, dann werden damit Patientenrechte nicht nur kraft ärztlicher, sondern auch kraft staatlicher Autorität beschnitten. Sollte der Staat aber das Recht wiedererlangen, eine Abtreibung zu unterbinden, dann erwirbt er damit auch erneut das Recht, sich in Entscheidungen über die Fortpflanzung einzumischen. Eines hat die Geschichte des 20. Jahrhunderts uns allerdings mit Sicherheit gelehrt; Individuen können gelegentlich schlecht handeln, jedoch nie so schlecht und so zerstörerisch wie eine Regierung.

aus: Ruth Schwartz-Cowan, Gentechnik und die Entscheidungsfreiheit bei der Fortpflanzung: Eine Ethik der Selbstbestimmung, in: J. Kevles, L. Hood (Hg.), Der Supercode. Die genetische Karte des Menschen. Übersetzung: Günther Kirchberger/Rainer von Savigny. © Artemis und Winkler Verlag, Düsseldorf/Zürich 1993

A 14 Keimbahntherapie

M 2 Die Pandorabüchse sollte geschlossen bleiben

Wenn man den Diabetiker, den die vorerwähnten Bakterien mit Insulin versorgen, fragt, ob es nicht noch besser gewesen wäre, man hätte den Gentransfer statt an den Bakterien an ihm selbst vorgenommen, zu Anfang seiner Existenz sein schadhaftes Gen durch ein gesundes ersetzt, so würde er gewiss mit Ja antworten. [...]

Da es sich bei dem hypothetischen Beispiel um Schadensbehebung handelt, ist noch nicht eigentlich von Schöpfertum, sondern eher von Reparatur die Rede; und gewiß ist der Gedanke genetischer statt somatischer Heilung, Ursachenbeseitigung statt Symptombehandlung, erblich einmaliger statt stets wiederholter Abhilfe überaus bestechend und scheinbar unverfänglich. Doch schwere Bedenken lasten auf der Gegenschale in der Waage der Entscheidung.

1. Experimente an Ungeborenen sind als solche unethisch. Der Natur der Sache nach ist aber jeder Eingriff in den delikaten Steuermechanismus eines werdenden Lebens ein Experiment, und eines mit hohem Risiko, daß etwas schief geht und eine Mißbildung herauskommt.
2. Fehlschläge mechanischer Konstruktion verschrotten wir. Sollen wir dasselbe mit den Fehlschlägen biologischer Rekonstruktion tun? Unser ganzes Verhältnis zu menschlichem Unglück und den davon Geschlagenen würde sich im antihumanen Sinn verändern.
3. Mechanische Kunstfehler sind reversibel. Biogenetische Kunstfehler sind irreversibel.
4. Mechanische Kunstfehler haften am direkten Objekt. Biogenetische Kunstfehler breiten sich von ihm aus, wie dies ja auch von den Wohltaten erhofft wird.
5. Das transplantierte Organ in somatischer Chirurgie steht in bekannter Wechselwirkung mit dem übrigen Organismus. Wie das transplantierte Gen in genetischer Chirurgie mit andern Gliedern des Chromosomenganzen interagieren wird, ist unbekannt, unvorhersehbar und mag sich erst in Generationen herausstellen.
6. Mit der Kunst als solcher, auf den Menschen angewandt, würden wir die Pandorabüchse melioristischer, stochastischer, erfinderischer oder einfach pervers-neugieriger Abenteuer öffnen, die den konservativen Geist genetischer Reparatur hinter sich ließen und den Pfad schöpferischer Arroganz beschreiten. Hierzu sind wir nicht berechtigt und nicht ausgerüstet – nicht mit der Weisheit, nicht mit dem Wertwissen, nicht mit der Selbstzucht – und keine alten Ehrfürchte schützen uns Weltentzauberer noch vor dem Zauber leichtfertigen Frevels. Darum bleibe die Büchse besser ungeöffnet. Besteht Aussicht, die Pandorabüchse geschlossen zu halten? [...] Ich glaube nicht. Die Medizin, die helfen will, wird sich die auf kurze Sicht so legitimen „Reparatur"-Möglichkeiten nicht nehmen lassen, und mit ihnen ist der Spalt geöffnet. Klüger wäre es wohl, hier einmal sogar der karitativen Versuchung zu widerstehen, aber das ist unter dem Druck menschlichen Leidens nicht zu erwarten. Jenseits dieser schon gewagten Zwielichtzone zwischen dem noch Erlaubten und dem Verbotenen winken die weiteren Gaben der Pandora, zu denen keine Not, nur der prometheische Trieb drängt. Gegen seine Versuchungen, darunter die wagnersche des Homunculus, sind wir Heutigen, Emanzipierten ungewappneter als alle Früheren und hätten doch das stolz Überwundene gegen die Dämonen unseres eigenen Könnens nötiger als die Früheren. Unsere so völlig enttabuisierte Welt muß angesichts ihrer neuen Machtarten freiwillig neue Tabus aufrichten. Wir müssen wissen, daß wir uns weit vorgewagt haben, und wieder wissen lernen, daß es ein Zuweit gibt. Das Zuweit beginnt bei der Integrität des Menschenbildes, das für uns unantastbar sein sollte. Nur als Stümper könnten wir uns daran versuchen, und selbst Meister dürften wir dort nicht sein. Wir müssen wieder Furcht und Zittern lernen und, selbst ohne Gott, die Scheu vor dem Heiligen.

aus: Hans Jonas, Technik, Medizin, Ethik. © Insel Verlag, Frankfurt am Main 1985, S. 215 ff.

M 3

Zeichnung: Baaske (Mester), München

M 4 Mit der Technik zum Heil?

Angenommen, das Krebsproblem würde durch die gentechnischen Methoden beherrschbar, oder man würde den Alterungsprozess auf diese Weise beherrschen können, was folgt daraus? Die durchschnittliche Lebenserwartung würde sich um viele Jahre erhöhen. Die Zahl der betagten und pflegebedürftigen Menschen würde derart ansteigen, dass das ganze Sozialsystem aus den Fugen gerät. Aber kann das ein Grund sein, auf die Bekämpfung von Krebs mit gentechnischen Mitteln zu verzichten? Um diese Frage zu entscheiden, müsste man z. B. prüfen, ob es für den Menschen unwürdiger und qualvoller ist, an Krebs zu sterben, als als alter Mensch auf einer Pflegestation dahinzusiechen. Wer das oft jahrelange Dahinsiechen betagter Menschen erlebt und dies mit dem Leiden von Krebskranken vergleicht, wird das Leben mit und das Sterben an Krebs vielleicht nicht mehr als das schlimmste Krankheitsübel betrachten. [...]

Die [...] Fiktion, das verlorene Paradies könne mittels der Wissenschaft hergestellt werden, macht blind gegenüber ihren inhumanen Folgen, weil sie leugnet, dass sich der eine Fortschritt zur heilen Welt ohne Leiden nicht durch die Fortschritte in der technischen Bekämpfung von Übeln vollzieht. Der Fortschritt zur heilen Welt ist nicht machbar, er bleibt Gottes Wunder der Erlösung vorbehalten (Römer 8,18 ff.; Offbg. 21,2 ff.). Menschen werden immer sterben und insofern auch leiden. Wer darum weiß, wird gegen die einseitige Betonung technischer Bekämpfung von Leiden das Bewusstsein wach halten, dass es auch andere Formen von Leidbewältigung geben muss und gibt, von denen die Humanität in der Gesellschaft vielleicht mehr abhängt als von einzelnen technischen Fortschritten in der Medizin und anderen Bereichen. Es verstärkt sich nämlich der Eindruck, dass, je mehr wir Gesundheit als oberstes Gut verabsolutieren und je mehr wir unsere Hoffnungen auf die technische Bekämpfung von Leiden konzentrieren, wir immer unfähiger werden zum Ertragen von Leiden und zum einfühlenden und helfenden Mit-Leiden. Wo der Fortschritt zum Heil nicht von den technischen Fortschritten erwartet wird, da entsteht auch Freiheit vom Zwang zur Gesundheit und vom Druck, technische Fortschritte möglichst schnell zu erzielen, ohne eingehend zu klären, welche weiterreichenden Folgen sie haben und wie diese zu verantworten sind.

aus: Ulrich Eibach, Der Mensch als Schöpfer von Leben. Ethische und theologische Aspekte der Gentechnologie, in: Kerygma und Dogma, 34. Jg. 1988, S. 299 f.

M 5

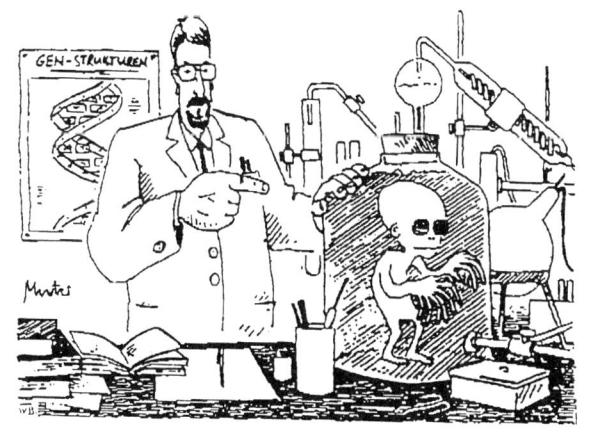

„... wir haben uns bei dieser Entwicklung speziell an den Erfordernissen der Bildschirmarbeit orientiert."

Zeichnung: Baaske (Mester), München

A 14 Keimbahntherapie

M 6 Verstoß gegen die Menschenwürde

Aus der Entwicklungslogik medizinischer Forschung heraus erscheint die Ausweitung der somatischen zur Keimbahntherapie nur folgerichtig.

Aus ethischer Sicht besteht zwischen beiden Verfahren jedoch ein prinzipieller Unterschied, der für ihre moralische Bewertung ausschlaggebend ist. Ein solcher Eingriff in das genetische Erbe der Menschheit ließe sich allenfalls dann rechtfertigen, wenn er in seinen irreversiblen Konsequenzen exakt auf die Reparatur des kranken Gens begrenzbar bleibt und mögliche Folgeschäden sicher ausgeschlossen werden können. Selbst diejenigen Forscher, die Keimbahnmanipulationen nicht als einen Verstoß gegen die Menschenwürde ablehnen, sehen zum gegenwärtigen Zeitpunkt aber keine Möglichkeit, die Risiken eines solchen Eingriffes sicher abzuschätzen und sie auf seinen strikt therapeutischen Zweck zu begrenzen. Andere Genetiker gehen sogar davon aus, dass die technischen Sicherheitsprobleme der Keimbahnmanipulation auch in Zukunft unlösbar bleiben, weil die transferierten Gene innerhalb der Gensequenz „springen" können, so dass die Gefahr einer falschen Lokalisierung oder einer späteren Entgleisung immer unverantwortlich hoch sein wird.

Solange die Keimbahnmanipulation eine Reise ins Ungewisse bleibt, auf der es kein Zurück gibt, ist sie schon unter dem Gesichtspunkt der Folgenabschätzung unannehmbar. […]

Eingriffe in die Keimbahnen sind also nicht deshalb verwerflich, weil den Keimbahnzellen an sich ein höherer Wert als den übrigen Körperzellen zukommt, sondern weil jede Manipulation des genetischen Erbes nach Kriterien der positiven Eugenik eine Fremdbestimmung gegenüber unseren Nachkommen darstellt, die deren Lebensmöglichkeiten selektioniert. Die Verwirklichung aller Menschenzüchtungs-Utopien käme einer Herrschaft der jetzt lebenden Generation über die künftigen gleich, die der Gerontokratie totalitärer Gesellschaften auf lange Sicht nicht nachstehen würde. Sie erfordert zudem „verbrauchende" Experimente an menschlichen Embryonen, die allein zu dem Zweck ins Dasein gerufen werden, dem Lebensglück künftiger Generationen zu dienen. Schon in dieser Instrumentalisierung menschlichen Lebens zu ausschließlich fremden Zwecken liegt ein Verstoß gegen die Menschenwürde; wenn es in Zukunft immer weniger „überzählige" Embryonen gibt, die nach einer In-vitro-Befruchtung nicht mehr implantiert werden, steht die vorgefasste Tötungsabsicht bereits hinter dem Entschluss zu ihrer künstlichen Erzeugung. Schließlich setzt die Verwirklichung solcher Experimente eine Definitionskompetenz in Bezug auf erwünschte Merkmale des Menschseins und verpflichtende Leitbilder gelungenen Lebens voraus, die nach dem Selbstverständnis unserer demokratischen Kultur weder dem Staat noch seinen medizinischen Institutionen, sondern allein dem Einzelnen zukommt.

Allenfalls eine strikte Begrenzung auf eindeutig festgelegte Erbkrankheiten wäre als ein Selektionskriterium hinnehmbar, das den personalen Entfaltungsraum des Einzelnen nicht unzulässig begrenzt; ein sinnvolles Eigeninteresse an defekten Genen kann dem Individuum nämlich von keinem möglichen Standpunkt aus unterstellt werden. Alle anderen Kriterien, die menschliches Leben positiven Zulassungsvoraussetzungen unterwerfen, sind mit der Freiheit und Menschenwürde unvereinbar, die eine demokratische Gesellschaft allen ihren Mitgliedern zusichert. Zu dem personalen Daseinsraum eines Menschen, der in ihr unantastbar bleiben muss, gehört zuallererst das Recht jedes Einzelnen, so in diese Welt eintreten zu dürfen, wie er von sich aus ist. Weder die wohlmeinende Absicht der Eltern noch die fachliche Kompetenz medizinischer Experten berechtigen dazu, in die unhintergehbaren Lebensbedingungen unserer Kinder einzugreifen und sie nach unseren Interessen festzulegen. Zwischen staatlicher Eugenik und privater Meliorisierung auf Familienbasis besteht allenfalls ein gradueller, aber kein grundsätzlicher ethischer Unterschied. […]

In einer Welt, in der Eltern das Geschlecht, die Körpergröße, den Intelligenzquotient und womöglich sogar die seelischen Eigenschaften ihrer Kinder bestimmen können, wird der individuelle Spielraum, in dem menschliches Leben sich entfalten kann, von Generation zu Generation kleiner, weil „unerwünschte" Eigenschaften auf Dauer keine Überlebenschance haben. In einer solchen Welt würde es vielleicht am Ende keine Krankheiten und keinen physischen Schmerz, aber wahrscheinlich auch keine Freude und kein wirkliches Glück mehr geben.

aus: Eberhard Schockenhoff, Ethik des Lebens. Matthias Grünewald, Mainz 1998, 2. Auflage, S. 264 ff.

M 1

„Ich bin fertig, Kollege! Und Sie?"
Zeichnung: CCC (Wolter), München

M 2 Ein Plädoyer für Ektogenese

Das, was den Schatten wirft, liegt noch in einiger Entfernung, ist aber deutlich zu sehen und trägt einen Namen: Ektogenese. Bis der Prozess von Zeugung, Reifung und Geburt ex vaso feminae nicht mehr der eine, zwingende Weg der Fortpflanzung ist, sondern nur noch eine Option darstellt, die eine zweite, technische Option neben sich dulden muss, wird einige Zeit vergehen. Der Arzt Jean Bernard, der langjährige Präsident der nationalen Ethik-Kommission Frankreichs, veranschlagt noch etliche Jahrzehnte Forschungsarbeit, bis der ganze Vorgang in kunstlichem Gewebe organisiert werden kann. Auch wenn einstweilen ärztliche Deontologien und Gesetzeslagen die direkte Ektogeneseforschung verhindern, weil sie auf Experimentierembryonen angewiesen ist, so ist doch die Sache selbst aus der Spekulation ins Reich der Wahrscheinlichkeit gerückt. Die Ektogenese hat nämlich eine Reihe von Atouts für sich, nicht zuletzt solche, die aus den Mängeln der konventionellen Fortpflanzung stammen. Der schützende Mutterleib, so sagen uns die Perinatalogen, ist nicht nur ein etwas unsicherer, sondern auch ein lärm- und schreckenerfüllter Ort. Auch die Mutterliebe zum Spross im eigenen Leib lässt sich als vorzüglicher und unentbehrlicher Hege- und Wachstumsfaktor schwer bestätigen. Zum andern fördern die Erfolge der pränatalen Diagnostik, die immer weitere Erbrisiken eliminiert, den Sicherheitsanspruch der Person, die der Mensch vom Augenblick der Zeugung an sein muss. Dieser Sicherheitsanspruch wird unterstützt vom Gleichheitsanspruch der Mitzeugerin, die vielleicht Leibmutter als Leihmutter nicht mehr sein will. Das deutsche Unwort „Elternteil" hat ja die Funktionalisierung der gleichhälftigen Leibgebung schon vorweggenommen, auch wenn die soziale Praxis noch nicht danach ist.

Es sind also durchaus legitime Sicherheits- und Emanzipationsbedürfnisse, die den alten Gattungsdrang befördern, unsere Organe zu objektivieren, sie loszuwerden. Michael Serres gebraucht dafür das Wort vom Menschen als dem Tier, das sich seiner Funktion entäußert. Mit der Ektogenese ist nun die Chance in Sicht, eine weitere Schicht der tierisch-geschlechtlichen Lebensbedingung abzustreifen, sich von der Fesselung an die Organe zu befreien.

Das war im Grunde zu erwarten und wäre ganz im Sinne der Evolutionsvernunft – wollte man der Evolution Vernünftiges zugestehen. Der Reproduktionsvorgang in seiner herkömmlichen Form entspricht wirklich nicht mehr dem erreichten Niveau unserer Abstraktionsleistungen und Naturbeherrschungen. Es ist an der Zeit, mit der Ektogenese aus den tierischen Bornierungen auszubrechen, die Vereinigung der Geschlechter „im Freien" stattfinden zu lassen – und damit die Vermählung des Künstlichen mit der Natur. Was sich vorderhand noch gegen die Ektogenese sträubt, ist vermutlich nicht so sehr ihr Prothesencharakter als die damit verbundene Aufforderung, eine nicht mehr ganz überzeugende Institution hinter sich zu lassen. Schoß, das war doch einmal der Inbegriff, der schönste Name für Institution.

aus: Claus Koch, Ende der Natürlichkeit. © Carl Hanser Verlag, München – Wien 1994, S. 62 f.

A 15 Ektogenese

M 3 Eine unrealistische Wunschvorstellung

In Zukunftsszenarien haben Forscher schon längst weitere Optionen entworfen. Statt fötale Organe, Gewebe und Zellen aus Abtreibungen zu gewinnen, wird es für wünschenswert gehalten, die „Rohstoffquelle" im Reagenzglas zu züchten. Dies würde es der Forschung möglich machen, sich von schwangeren Frauen als „Gewebelieferantinnen" unabhängiger zu machen. Statt darauf zu warten, dass eine Frau schwanger wird und bereit ist, den bei einem Abbruch „anfallenden" Embryo zu spenden, rückt die Utopie ins Visier, den Embryo in einer Retorte heranzuzüchten. Dann müsste man „bloß" zum passenden Zeitpunkt den Fötus aus der Schale nehmen, die Organe „ernten" und hätte „alles parat", so die Vision. […]

In der Realität sind die Forscher sicherlich weit davon entfernt, einen Embryo tatsächlich außerhalb des weiblichen Körpers heranwachsen zu lassen. Doch dass sowohl in Hinblick auf Befruchtung wie auch auf Geburt kräftig daran gearbeitet wird, den Frauenkörper zu substituieren, ist unverkennbar. Frühgeborene werden inzwischen schon ab der 22. Woche in Brutkästen aufgezogen. In Italien und anderswo arbeitet man bereits daran, den Embryo möglichst lange nach der Befruchtung am Leben zu halten. Der Gynäkologe Buletti von der Universitätsfrauenklinik in Bologna verpflanzte 1987 befruchtete Eizellen in eine Gebärmutter, die zuvor einer Frau operativ entfernt worden war. Der Uterus wurde an eine Art Herz-Lungen-Maschine angeschlossen und künstlich ernährt. Nach 52 Stunden brachen die Ärzte das Experiment ab. […]

1992 gaben Wissenschaftler der Universität Tokio bekannt, dass sie eine Ziege in einer künstlichen Gebärmutter herangereift hätten. Das letzte Drittel der Schwangerschaft verbrachte der Ziegenfötus in einer Gummi-Gebärmutter mit künstlichem Fruchtwasser. Der zuständige Gynäkologe erklärte, eine Übertragung des Experiments auf Menschen sei machbar und wünschenswert. […]

Mit dem Ersatz der schwangeren Frau durch technische Anlagen in den Labors gäbe es auch niemanden mehr, der Verfügungsrechte an den so geschaffenen Embryonen anmelden könnte. Dennoch bleibt die Frau unentbehrlich, da sie das „Rohmaterial" in Form von Eierstöcken, Eizellen oder Föten zu liefern hat. Auch die männliche Spermienproduktion kann nicht technisch ersetzt werden – wenngleich Sperma wesentlich leichter zu „gewinnen" und verfügbar zu machen ist. Bisher gibt es jedoch keine Anhaltspunkte dafür, dass Embryonen über den neunten oder 14. Tag nach der Befruchtung – also dem Zeitpunkt, zu dem sich das befruchtete Ei in der Gebärmutter einnistet – im Reagenzglas „am Leben" gehalten werden konnten. Insofern kann man davon ausgehen, dass die Simulation der lebendigen Frau bisher kläglich gescheitert ist und auch in Zukunft nicht einmal ansatzweise funktionieren wird. Viele Forscher halten es offenbar auch für geradezu „unökonomisch", für das Kinderkriegen eine künstliche Maschine einzusetzen. Sind Frauen doch „billig und willig", sich für die Hoffnung aufs eigene Kind als Rohstoffquelle und Forschungsobjekte zur Verfügung zu stellen. Ganz krass hat dies Patrick Steptoe, britischer Gynäkologe und „zweiter technischer Vater" des ersten Retortenkindes Louise Brown, ausgedrückt: Für ihn hat die Ektogenese „keine Relevanz": „Das kann nie bewerkstelligt werden, das ist schlicht Sciencefiction, viel zu teuer. Frauen sind und bleiben kostenmäßig die preiswertesten Inkubatoren."

aus: Ingrid Schneider, Föten. © Campus Verlag, Frankfurt am Main 1995, S. 151–153

Auf dem Weg zum „Euthanasie"-Programm **A 16**

M 1 Eine Statistik

Bis zum 1. September 1941 wurden desinfiziert: Personen 70.273
Diese Zahl verteilt auf die einzelnen Anstalten für die Jahre 1940 und 1941 ergibt folgende Aufstellung:

Anstalt		**1940**	**1941**	**Sa**
A	= Grafeneck	9.839	–	9.839
B	= Brandenburg	9.772	–	9.772
Be	= Bernburg	–	8.601	8.601
C	= Hartheim	9.670	8.599	18.269
D	= Sonnenstein	5.943	7.777	13.720
E	= Hadamar	–	10.072	10.072
A – E:		35.224	35.049	70.273

Bei einem durchschnittlichen Tagessatz von RM 3,50 ergibt sich hierdurch:
1. eine tägliche Ersparnis von   RM   245.955,50
2. eine jährliche Ersparnis von   RM   88.543.980,00
3. bei einer Lebenserwartung von 10 Jahren: RM   885.439.800,00

In Worten: achthundertfünfundachtzigmillionenvierhundertneununddreißigtausendachthundert Reichsmark, d. h., diese Summe wird, bzw. ist bis zum 1. September 1941 aufgrund der bisher durchgeführten Desinfektion von 70.273 Personen erspart worden.

aus: M. Wunder u. a., Auf dieser schiefen Ebene gibt es kein Halten mehr. Die Alsterdorfer Anstalten im Nationalsozialismus, Hamburg 1987, S. 47

M 2 Ein Akt des Mitleids und der Vernunft

Als ein traditionelles Dogma müssen wir auch die weit verbreitete Meinung beurteilen, dass der Mensch unter allen Umständen verpflichtet sei, das Leben zu erhalten und zu verlängern, auch wenn dasselbe gänzlich wertlos, ja für den schwer Leidenden und hoffnungslos Kranken nur eine Quelle der Pein und der Schmerzen, für seine Angehörigen ein Anlass beständiger Sorgen und Mitleiden ist. Hunderttausende von unheilbaren Kranken, namentlich Geisteskranke, Aussätzige, Krebskranke usw. werden in unseren modernen Kulturstaaten künstlich am Leben erhalten und ihre beständigen Qualen sorgfältig verlängert, ohne irgend einen Nutzen für sie selbst oder für die Gesamtheit. Besonders lehrreich dafür ist die Statistik der Geisteskranken, die Zunahme der Irrenanstalten und Nerven-Sanatorien in der Gegenwart. In Preußen allein wurden 1890 in den Irrenanstalten 51 048 Geisteskranke gepflegt (davon über 6000 allein in Berlin); mehr als der zehnte Teil davon war ganz unheilbar (4000 allein an Paralyse leidend). In Frankreich waren 1871 in Irrenanstalten 49 589 Kranke untergebracht (13,8 pro Mille der Bevölkerung), 1888 dagegen 70 443 (18,2 pro Mille); also war im Laufe von 17 Jahren die absolute Zahl der Kranken fast um 30% gestiegen (29,6%), während die Zahl der ganzen Bevölkerung nur um 5,6% sich vermehrt hat. In neuester Zeit beträgt die Gesamtzahl der Geisteskranken in den Kulturstaaten durchschnittlich 5–6 pro Mille. Nimmt man die Gesamtzahl der Bevölkerung von Europa auf 390–400 Millionen an, so befinden sich darunter also mindestens zwei Millionen Geisteskranke und unter diesen mehr als 200 000 Unheilbare. Welche ungeheure Summe von Schmerz und Leid bedeuten diese entsetzlichen Zahlen für die unglücklichen Kranken selbst, welche namenlose Fülle von Trauer und Sorge für ihre Familien, welche Verluste an Privatvermögen und Staatskosten für die Gesamtheit! Wie viel von diesen Schmerzen und Verlusten könnte gespart werden, wenn man sich endlich entschließen wollte, die ganz Unheilbaren durch eine Morphium-Gabe von ihren namenlosen Qualen zu befreien! Natürlich dürfte dieser Akt des Mitleids und der Vernunft nicht dem Belieben eines einzelnen Arztes anheimgestellt werden, sondern müsste auf Beschluss einer Kommission von zuverlässigen und gewissenhaften Ärzten erfolgen. Ebenso müsste auch bei anderen unheilbaren und schwer leidenden Kranken (z. B. Krebskranken) die „Erlösung vom Übel" nur dann durch eine Dosis schmerzlos und rasch wirkenden Giftes erfolgen, wenn sie ausdrücklich auf deren eigenen, eventuell gerichtlich protokollierten Wunsch geschähe, und durch eine vereidigte Kommission ausgeführt würde.

aus: Ernst Haeckel, Die Lebenswunder. Gemeinverständliche Studien über Biologische Philosophie. Ergänzungsband zu dem Buche über die Welträtsel, Stuttgart 1904, S. 134 f.

A 16 Auf dem Weg zum „Euthanasie"-Programm

M 3 Kein Lebensrecht für Ballastexistenzen

Die Anstalten, die der Idiotenpflege dienen, werden anderen Zwecken entzogen; soweit es sich um Privatanstalten handelt, muss die Verzinsung berechnet werden; ein Pflegepersonal von vielen tausend Köpfen wird für diese gänzlich unfruchtbare Aufgabe festgelegt und fördernder Arbeit entzogen; es ist eine peinliche Vorstellung, dass ganze Generationen von Pflegern neben diesen leeren Menschenhülsen dahinaltern, von denen nicht wenige 70 Jahre und älter werden.

Die Frage, ob der für diese Kategorien von Ballastexistenzen notwendige Aufwand nach allen Richtungen hin gerechtfertigt sei, war in den verflossenen Zeiten des Wohlstandes nicht dringend; jetzt ist es anders geworden und wir müssen uns ernstlich mit ihr beschäftigen. Unsere Lage ist wie die Teilnehmer an einer schwierigen Expedition, bei welcher die größtmögliche Leistungsfähigkeit aller die unerlässliche Voraussetzung für das Gelingen der Unternehmung bedeutet und bei der kein Platz ist für halbe, Viertels- und Achtels-Kräfte. Unsere deutsche Aufgabe wird für lange Zeit sein: eine bis zum höchsten gesteigerte Zusammenfassung aller Möglichkeiten, ein Freimachen jeder verfügbaren Leistungsfähigkeit für fördernde Zwecke. Der Erfüllung dieser Aufgabe steht das moderne Bestreben entgegen, möglichst auch die Schwächlinge aller Sorten zu erhalten, allen, auch den zwar nicht geistig toten, aber doch ihrer Organisation nach minderwertigen Elementen Pflege und Schutz angedeihen zu lassen – Bemühungen, die dadurch ihre besondere Tragweite erhalten, dass es bisher nicht möglich gewesen, auch nicht im Ernste versucht worden ist, diese Defektmenschen von der Fortpflanzung auszuschließen.

Die ungeheure Schwierigkeit jedes Versuches, diesen Dingen irgendwie auf gesetzgeberischem Wege beizukommen, wird noch lange bestehen und auch der Gedanke, durch Freigabe der Vernichtung völlig wertloser, geistig Toter eine Entlastung für unsere nationale Überbürdung herbeizuführen, wird zunächst und vielleicht noch für weite Zeitstrecken lebhaftem, vorwiegend gefühlsmäßig vermitteltem Widerspruch begegnen, der seine Stärke aus sehr verschiedenen Quellen beziehen wird (Abneigung gegen das Neue, Ungewohnte, religiöse Bedenken, sentimentale Empfindungen usw.). In einer auf Erreichung möglichst greifbarer Ergebnisse gerichteten Untersuchung, wie der vorliegenden, soll daher dieser Punkt zunächst in der Form der theoretischen Erörterung der Möglichkeiten und Bedingungen, nicht aber in der des „Antrags" behandelt werden. Bei allen Zuständen der Wertlosigkeit infolge geistigen Todes findet sich ein Widerspruch zwischen ihrem subjektiven Recht auf Existenz und der objektiven Zweckmäßigkeit und Notwendigkeit. [...]

Wir werden auch in den Zeiten der Not, denen wir entgegengehen, nie aufhören wollen, körperlich Defekte und Sieche zu pflegen, solange sie nicht geistig tot sind; wir werden nie aufhören, körperlich und geistig Erkrankte bis zum Äußersten zu behandeln, solange noch irgendeine Aussicht auf Änderung ihres Zustandes zum Guten vorhanden ist; aber wir werden vielleicht eines Tages zu der Auffassung heranreifen, dass die Beseitigung der geistig völlig Toten kein Verbrechen, keine unmoralische Handlung, keine gefühlsmäßige Rohheit, sondern einen erlaubten nützlichen Akt darstellt. Hier interessiert uns nun zunächst die Frage, welche Eigenschaften und Wirkungen den Zuständen geistigen Todes zukommen. In äußerlicher Beziehung ist ohne weiteres erkennbar: der Fremdkörpercharakter der geistig Toten im Gefüge der menschlichen Gesellschaft, das Fehlen irgendwelcher produktiver Leistungen, ein Zustand völliger Hilflosigkeit mit der Notwendigkeit der Versorgung durch Dritte. [...]

Das Wesentlichste aber ist das Fehlen der Möglichkeit, sich der eigenen Persönlichkeit bewusst zu werden, das Fehlen des Selbstbewusstseins. Die geistig Toten stehen auf einem intellektuellen Niveau, das wir erst tief unten in der Tierreihe wieder finden und auch die Gefühlsregungen erheben sich nicht über die Linie elementarster, an das animalische Leben gebundener Vorgänge.

Ein geistig Toter ist somit auch nicht imstande, innerlich einen subjektiven Anspruch auf Leben erheben zu können, ebenso wenig wie er irgendwelcher anderer geistiger Prozesse fähig wäre. [...]

aus: K. Binding, A. Hoche, Die Freigabe der Vernichtung lebensunwerten Lebens. Leipzig 1922, S. 55 ff.

A 16 Auf dem Weg zum „Euthanasie"-Programm

M 4 Beseitigung der Schwächsten

„Würde Deutschland jährlich eine Million Kinder bekommen und 700 000 bis 800 000 der Schwächsten beseitigen, dann würde am Ende das Ergebnis vielleicht sogar eine Kräftesteigerung sein. Das Gefährlichste ist, dass wir selbst den natürlichen Ausleseprozess abschneiden (durch Pflege der Kranken und Schwachen). [...] Der klarste Rassenstaat der Geschichte, Sparta, hat diese Rassengesetze planmäßig durchgeführt."

aus: Adolf Hitler auf dem Nürnberger Parteitag 1929, zit. nach Kurt Nowak, „Euthanasie" und Sterilisierung im „Dritten Reich". Vandenhoeck & Ruprecht, Göttingen 1984, S. 63 f.

M 5 Aus der Denkschrift des preußischen Justizministers Kerrl (1933)

Das Unternehmen, einen anderen zu töten, ist todeswürdig. In minder schweren Fällen ist es ebenso wie die Vorbereitung zur Tötung schwer zu bestrafen.

Tötung auf Verlangen
Die Tötung auf Verlangen [...] stellt einen besonders zu behandelnden Straftatbestand dar, weil die Beweggründe der Tat auf ganz anderem, seelischem Gebiete liegen. Sie muss daher auch in der Strafwürdigkeit anders gewertet werden wie die gemeine Tötung. Es ist daher milder zu bestrafen, wer es unternimmt, einen anderen auf dessen ausdrückliches und ernstliches Verlangen zu töten.

Sterbehilfe
Eine Unterart der Tötung auf Verlangen stellt die Sterbehilfe (Euthanasie) dar, d. h. die wunschgemäße Beförderung des Sterbens eines hoffnungslos Leidenden durch ein todbringendes Mittel zur Verkürzung der Qual. Das Unternehmen dieser Sterbehilfe durch eine Person, die [...] ohne ausreichende Sachkenntnis über Art und Grad der Krankheit zur Tat schreitet, kann nicht anders behandelt werden wie [...] die Tötung auf Verlangen. Dagegen ist die Schaffung eines Unrechtsausschließungsgrundes bei [...] Tötung auf Verlangen durch eine zur Beurteilung der Krankheitslage befähigte Person geboten. [...] Ihre Tat ist Ausfluss der Menschlichkeit und des Mitleids gegenüber dem Kranken und seinen Angehörigen.

Jedoch ist zur Vermeidung von Missbräuchen die Schaffung gewisser Sicherungen unerlässlich. Das Leiden des Kranken muss tatsächlich unheilbar sein und dies muss durch das Gutachten zweier beamteter Ärzte anhand sorgfältiger Prüfung der Krankengeschichte und aufgrund eingehender Untersuchung festgestellt werden. Dem ausdrücklichen und ernstlichen Verlangen des Kranken auf Sterbehilfe steht ein gleiches Verlangen der näheren Angehörigen des Kranken dann gleich, wenn dieser zur Willensäußerung nicht in der Lage ist und das Verlangen der Angehörigen nicht sittenwidrigen Beweggründen entstammt.

Die nähere Regelung des Verfahrens sowie die Abgrenzung des Kreises der näheren Angehörigen bleibt zweckmäßig einer Durchführungsverordnung vorbehalten. Daher tritt bei der Tötung auf Verlangen Straflosigkeit ein, wenn der Täter ein staatlich zugelassener Arzt ist, der Kranke unheilbar krank ist und dies durch das Gutachten zweier beamteter Ärzte festgestellt ist.

Vernichtung lebensunwerten Lebens
Dagegen erübrigt sich die Schaffung eines Unrechtsausschließungsgrundes bei der sogenannten „Vernichtung lebensunwerten Lebens". Sollte der Staat etwa bei unheilbar Geisteskranken ihre Ausschaltung aus dem Leben durch amtliche Organe gesetzmäßig anordnen, so liegt in der Ausführung solcher Maßnahmen nur die Durchführung einer staatlichen Anordnung. Ob diese Anordnung geboten ist, steht hier nicht zur Erörterung. Wohl bleibt zu betonen, dass die Vernichtung lebensunwerten Lebens durch eine nichtamtliche Person stets eine strafbare Handlung darstellt.

aus: J.-C. Kaiser, K. Nowak, M. Schwartz (Hg.), Eugenik, Sterilisation, „Euthanasie". Buchverlag Union, Berlin 1992, S. 200 f.
© J.-C. Kaiser, K. Nowak, M. Schwartz

A 16 Auf dem Weg zum „Euthanasie"-Programm

M 6 Wir kommen ins Abgleiten

Gewiss, es gibt Menschen, z. B. die geistig Toten, deren Leben für unsere Begriffe wirtschaftlich vollkommen nutzlos ist, die nur eine Last für ihre Umgebung und ein Fremdkörper in der menschlichen Gesellschaft sind [...]. Das sind aber Gesichtspunkte, die auch für eine Reihe anderer Menschen zutreffen, nicht nur für Kranke. [...] Wessen Leben ist demnach „vollwertig" und wessen „unwert"? Sind nicht auch alle Patienten in den Krankenhäusern wirtschaftlich und biologisch „unterwertig"? [...] Sind nicht alle alten, welk und müde gewordenen Menschen, die ihr Leben im Dienste ihrer Aufgabe verzehrt haben, minderwertig und nur eine Last? Warum ziehen wir bei nur belastend wirkenden Personen eine Grenze und sagen nicht, alles, was über eine gewisse Zeitdauer oder über ein gewisses Alter hinausgeht, muss zugunsten besserer Lebensmöglichkeiten sterben? [...]
Ein Volk ist nicht nur so viel wert, als es zu kämpfen, sondern auch als es zu opfern vermag. [...] Eines steht fest, nämlich dass eine Abschwächung und Verallgemeinerung einer solchen privilegierten Tötung zu unhaltbaren Zuständen führen würde. [...] Wir kommen ins Abgleiten, ins Uferlose, wenn wir die Tötung auch nur der tief stehendsten Idioten bewilligen. Denn bald würde es keine Grenze nach oben mehr geben.

aus: Alfred Matthiß, Gibt es ein Recht auf den Tod und damit ein Recht auf Abkürzung angeblich lebensunwerten Lebens? Diss. jur. Heidelberg 1937, S. 90–91, S. 115. Zit. nach J.-C. Kaiser, K. Nowak, M.Schwartz (Hg.), Eugenik, Sterilisation, „Euthanasie". Buchverlag Union, Berlin 1992, S. 206 f.

M 7 Ermächtigungsschreiben Hitlers Ende Oktober 1939

Reichsleiter Bouhler und Dr. med. Brandt sind unter Verantwortung beauftragt, die Befugnisse namentlich zu bestimmender Ärzte so zu erweitern, dass nach menschlichem Ermessen unheilbar Kranken bei kritischster Beurteilung ihres Krankheitszustandes der Gnadentod gewährt werden kann.
Hitler
(Notiz des Reichjustizministers auf der überlieferten Kopie:) Von Bouhler mir übergeben am 27. 8. 40
Dr. Gürtner

aus: J.-C. Kaiser, K. Nowak, M. Schwartz (Hg.), Eugenik, Sterilisation, „Euthanasie". A.a.O., S. 253.

M 8 Das Gesetz über die Sterbehilfe bei unheilbar Kranken

„§ 1 – Wer an einer unheilbaren, sich oder andere stark belästigenden oder sicher zum Tode führenden Krankheit leidet, kann auf sein ausdrückliches Verlangen mit Genehmigung eines besonders ermächtigten Arztes Sterbehilfe durch einen Arzt erhalten.
§ 2 – Das Leben eines Kranken, der infolge unheilbarer Geisteskrankheit sonst lebenslänglicher Verwahrung bedürfen würde, kann durch ärztliche Maßnahmen, unmerklich für ihn, beendet werden."

aus: K.-H. Roth (Hg.), Erfassung zur Vernichtung. Von der Sozialhygiene zum „Gesetz über Sterbehilfe". Mabuse-Verlag, Frankfurt am Main 1984, S. 176

M 9

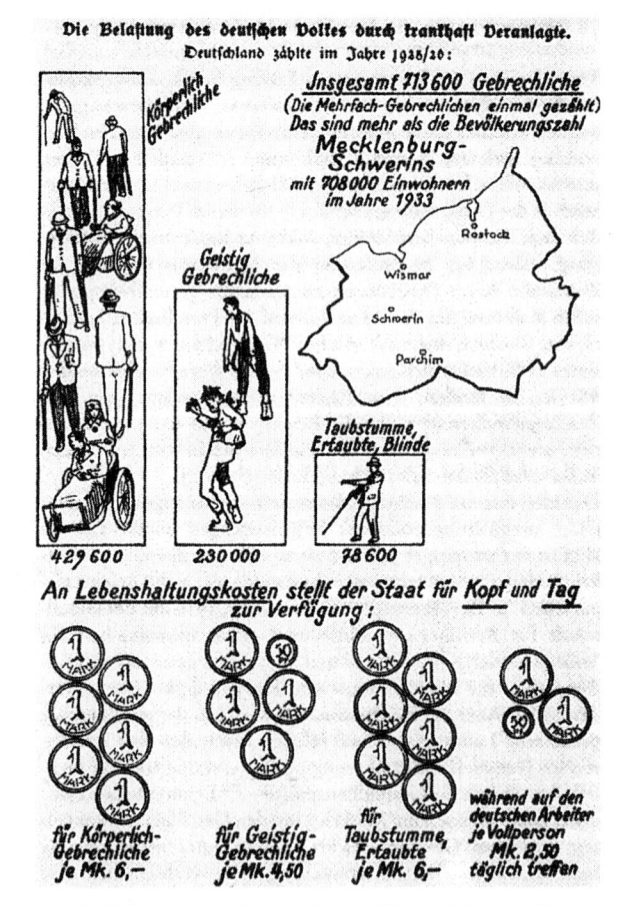

Die Belastung des deutschen Volkes durch krankhaft Veranlagte.
Deutschland zählte im Jahre 1928/29:
Insgesamt 1 713 600 Gebrechliche
(Die Mehrfach-Gebrechlichen einmal gezählt)
Das sind mehr als die Bevölkerungszahl Mecklenburg-Schwerins mit 708 000 Einwohnern im Jahre 1933

Körperlich Gebrechliche 429 600
Geistig Gebrechliche 230 000
Taubstumme, Ertaubte, Blinde 78 600

An Lebenshaltungskosten stellt der Staat für Kopf und Tag zur Verfügung:
für Körperlich-Gebrechliche je Mk. 6,–
für Geistig-Gebrechliche je Mk. 4,50
für Taubstumme, Ertaubte je Mk. 6,–
während auf den deutschen Arbeiter je Vollperson Mk. 2,50 täglich treffen

aus: P. Weingart u. a., Rasse, Blut und Gene. Suhrkamp Verlag, Frankfurt/M. 1988

Die Kirchen zur Euthanasie A 17

M 1 Gemeinsamer Hirtenbrief der deutschen katholischen Bischöfe (26. Juni 1941)

Es gibt [...] heilige Gewissenspflichten, von denen uns niemand befreien kann und die wir erfüllen müssen, koste es uns selbst das Leben: Nie, unter keinen Umständen, darf der Mensch Gott lästern, nie darf er seinen Mitmenschen hassen, nie darf er außerhalb des Krieges und der gerechten Notwehr einen Unschuldigen töten, nie darf er ehebrechen, nie lügen. Nie darf er seinen Glauben verleugnen oder sich durch Drohung oder Versprechen verleiten lassen, aus der Kirche auszutreten.

aus: J.-C. Kaiser, K. Nowak, M. Schwartz (Hg.), Eugenik, Sterilisation, „Euthanasie". Buchverlag Union, Berlin 1992, S. 318

M 2 Aus der Predigt des Bischofs Graf von Galen/Münster (3. August 1941)

Ich hatte schon am 6. Juli Veranlassung, diesen Worten des gemeinsamen Hirtenbriefes folgende Erläuterung hinzuzufügen: Seit einigen Monaten hören wir Berichte, dass aus Heil- und Pflegeanstalten für Geisteskranke auf Anforderung von Berlin Pfleglinge, die schon länger krank sind und vielleicht unheilbar erscheinen, zwangsweise abgeführt werden. Regelmäßig erhalten dann die Angehörigen nach kurzer Zeit die Mitteilung, die Leiche sei verbrannt, die Asche könne abgeliefert werden. Allgemein herrscht der an Sicherheit grenzende Verdacht, dass diese zahlreichen unerwarteten Todesfälle [...] nicht von selbst eintreten, sondern absichtlich herbeigeführt werden, dass man dabei jener Lehre folgt, die behauptet, man dürfe so genanntes „lebensunwertes Leben" vernichten, also unschuldige Menschen töten, wenn man meint, ihr Leben sei für Volk und Staat nichts mehr wert. Eine furchtbare Lehre, die die Ermordung Unschuldiger rechtfertigen will, die die gewaltsame Tötung der nicht mehr arbeitsfähigen Invaliden, Krüppel, unheilbar Kranken, Altersschwachen grundsätzlich freigibt. [...] Aus der Anstalt Marienthal bei Münster ist im Laufe dieser Woche der erste Transport abgegangen. Deutsche Männer und Frauen! Noch hat Gesetzeskraft der § 211 des Reichsstrafgesetzbuches, der bestimmt: „Wer vorsätzlich einen Menschen tötet, wird, wenn er die Tötung mit Überlegung ausgeführt hat, wegen Mordes mit dem Tode bestraft." Wohl um diejenigen, die jene armen Menschen [...] vorsätzlich töten, vor dieser gesetzlichen Bestrafung zu bewahren, werden die [...] Kranken aus der Heimat abtransportiert in eine entfernte Anstalt. Als Todesursache wird dann irgendeine Krankheit angegeben. [...] Das Strafgesetzbuch bestimmt in § 139: „Wer von dem Vorhaben [...] eines Verbrechens wider das Leben [...] glaubhafte Kenntnis erhält und es unterlässt, der Behörde oder dem Bedrohten hiervon zur rechten Zeit Anzeige zu machen, wird [...] bestraft." Als ich von dem Vorhaben erfuhr, Kranke aus Marienthal abzutransportieren, um sie zu töten, habe ich am 28. Juli bei der Staatsanwaltschaft beim Landgericht Münster Anzeige erstattet [...]. Nachricht über ein Einschreiten der Staatsanwaltschaft oder der Polizei ist mir nicht zugegangen. [...] So müssen wir damit rechnen, dass die armen, wehrlosen Kranken über kurz oder lang umgebracht werden. Warum? Nicht weil sie ein todeswürdiges Verbrechen begangen haben, nicht etwa, weil sie ihren Wärter oder Pfleger angegriffen haben, so dass diesem nichts anderes übrig blieb, als dass er zur Erhaltung des eigenen Lebens in gerechter Notwehr dem Angreifer mit Gewalt entgegentrat. [...] Nein, nicht aus solchen Gründen [...], sondern darum, weil sie nach dem Urteil irgendeines Amtes, nach dem Gutachten irgendeiner Kommission „lebensunwert" geworden sind [...]. Arme Menschen, kranke Menschen, unproduktive Menschen meinetwegen! Aber haben sie damit das Recht auf das Leben verwirkt? Hast du, habe ich nur so lange das Recht zu leben, solange wir produktiv sind, solange wir von anderen als produktiv anerkannt werden? Wenn man den Grundsatz aufstellt und anwendet, dass man den „unproduktiven" Mitmenschen töten darf, dann wehe uns allen, wenn wir alt und altersschwach werden! Wenn man die unproduktiven Menschen töten darf, dann wehe den Invaliden, die im Produktionsprozess ihre Kraft, ihre gesunden Knochen eingesetzt, geopfert und eingebüßt haben! Wenn man die unproduktiven Mitmenschen gewaltsam beseitigen darf, dann wehe unseren braven Soldaten, die als Schwerkriegsverletzte, als Krüppel, als Invaliden in die Heimat zurückkehren! Wenn einmal zugegeben wird, dass Menschen das Recht haben, „unproduktive" Mitmenschen zu töten – und wenn es jetzt zunächst auch nur arme wehrlose Geisteskranke trifft –, dann ist grundsätzlich der Mord an allen unproduktiven Menschen, also an den unheilbar Kranken, den Invaliden der Arbeit und des Krieges, dann ist der Mord an uns allen, wenn wir alt und altersschwach und damit unproduktiv werden, freigegeben.

aus: J.-C. Kaiser, K. Nowak, M. Schwartz (Hg.), Eugenik, Sterilisation, „Euthanasie". A.a.O., S. 319 f.

A 17 Die Kirchen zur Euthanasie

M 3 Protestbrief des württembergischen Landesbischofs Theophil Wurm an den Reichsminister des Innern (19. Juli 1940)

Seit einigen Monaten werden [...] geisteskranke, schwachsinnige oder epileptische Pfleglinge [...] in eine andere Anstalt verbracht. [...] Nach oberflächlichen Schätzungen dürfen es schon mehrere hundert Anstaltspfleglinge allein aus Württemberg sein, die auf diese Weise den Tod gefunden haben, darunter auch Kriegsverletzte des Weltkriegs.

Durch zahlreiche Anfragen [...] veranlasst, halte ich es für meine Pflicht, die Reichsregierung darauf aufmerksam zu machen, dass in unserem kleinen Lande diese Sache ganz großes Aufsehen erregt. Zunächst einmal deshalb, weil sich eine der in Betracht kommenden Anstalten, das Schloss Grafeneck, [...] in Württemberg befindet. [...] Die Krankentransporte, die auf dem kleinen Bahnhof Marbach ü. Müns. ausgeladen wurden, die Autobusse mit undurchsichtigen Fenstern, die die Kranken [...] von den Anstalten bringen, der aus dem Krematorium aufsteigende Rauch, der auch auf größere Entfernungen wahrgenommen werden kann – dies alles erregt die Gemüter umso mehr, als niemand Zutritt zu dem Schloss bekommt.

Der zweite Grund, warum gerade in Württemberg diese Dinge so schwer genommen werden, ist die Tatsache, dass Degenerationserscheinungen auch in geistig und sittlich hoch stehenden Familien in unserem Lande nichts seltenes sind. Darin machen sich teilweise die Folgen der mit der langen Abgeschlossenheit des Landes zusammenhängenden Verwandtenheiraten bemerkbar. Es ist deshalb eine verhältnismäßig große Zahl auch von Familien aus der Bildungsschicht durch die Maßnahmen zur Lebensvernichtung [...] berührt.[...] Es scheint auch bei der Auswahl der [...] Pfleglinge jedenfalls im Anfang sehr wenig sorgfältig verfahren worden zu sein. Man hat sich nicht auf Verblödete beschränkt, sondern [...] auch arbeitsfähige Personen herausgeholt.

Das Wichtigste scheint mir aber, dass die Reichsregierung die grundsätzlichen Einwendungen, die in unserem Volk vom menschlichen und religiösen Standpunkt aus [...] erhoben werden, würdigt und die vorhandene Missstimmung nicht als eine Missachtung nationaler und politischer Notwendigkeiten ansieht. [...]

Selbstverständlich tritt jedem, der solche bedauernswerten Menschen vor sich hat, immer wieder der Gedanke nahe: Wäre es nicht besser, einem solchen Dasein ein Ende zu machen? Es hat für sich selbst keinen Wert mehr und bedeutet eine schwere Belastung für die Angehörigen. Als im Weltkrieg die Folgen der Blockade sich geltend machten und viele Pfleglinge an Tuberkulose oder anderen durch die mangelhafte Ernährung begünstigten Krankheiten starben – die Zahl der von mir (als Anstaltspfarrer) zu haltenden Beerdigungen betrug normal etwa 20, stieg aber 1917 auf 50 –, da hat dies jedermann als eine natürliche Folge des Krieges und als eine Schickung Gottes hingenommen, und in vielen Fällen konnte man dankbar dafür sein, dass das Ende gekommen war. Etwas ganz anderes aber ist es, Maßnahmen zu ergreifen, die dieses Ende durch menschliche Einwirkung herbeiführen. [...] Die Entscheidung darüber, wann dem Leben eines leidenden Menschen ein Ende gesetzt wird, steht dem allmächtigen Gott zu, nach dessen unerforschlichem Ratschluss das eine Mal ein völlig gesunder und wertvoller Mensch vor der Zeit hingerafft wird und das andere Mal ein lebensuntüchtiger jahrzehntelang dahinsiecht. [...] Das kann ich nicht verstehen, dass von einer Seite, die ausdrücklich den Atheismus verwirft [...], eine Missachtung des göttlichen Majestätsrechts gebilligt und durchgeführt wird [...].

Schon die vorchristliche Antike stellte den Grundsatz auf: res sacra miser, eine heilige Sache ist der Unglückliche. Das Christentum hat es sich von jeher zur Aufgabe gemacht, [...] der Kranken und Elenden sich anzunehmen. [...]

Dass ein Volk für seine Existenz kämpft und dass keiner zu gut ist, um in diesem Existenzkampf sein Leben einzusetzen, das dürfen wir als Gottes Wille und Gebot ansehen; dass aber das Leben Schwacher und Wehrloser vernichtet wird, nicht weil sie eine Gefahr für uns sind, sondern weil wir dessen überdrüssig sind, sie zu ernähren und zu pflegen – das ist gegen Gottes Gebot. [...]

Auf dieser schiefen Ebene gibt es kein Halten mehr. [...] Entweder erkennt auch der nationalsozialistische Staat die Grenzen an, die ihm von Gott gesetzt sind, oder er begünstigt einen Sittenverfall, der auch den Verfall des Staates nach sich ziehen würde.

[...] Wenn ich [...] diese Darlegungen gemacht habe, so tat ich es in erster Linie deshalb, weil die Angehörigen der betroffenen Volksgenossen von der Leitung einer Kirche einen solchen Schritt erwarten. Sodann bewegt mich allerdings auch der Gedanke, dass dieser Schritt vielleicht doch zu einer ernsten Nachprüfung und zum Verlassen dieses Weges Anlass geben könnte.

Dixi et salvavi animam meam!

aus: J.-C. Kaiser, K. Nowak, M. Schwartz (Hg.), Eugenik, Sterilisation, „Euthanasie". Buchverlag Union, Berlin 1992, S. 309ff.

M 1 Recht auf Tötung?

[...] Ein durch Contergan-Medikation der Mutter schwer geschädigtes Mädchen war, 7 Tage alt, von der 25-jährigen Mutter mit einer Überdosis eines Schlafmittels umgebracht worden. Aus der Gerichtsverhandlung ist die Aussage der Mutter bekannt geworden: „Ich wusste, dass das Kind niemals hätte glücklich werden können." Die Mutter wurde freigesprochen. Von verschiedener Seite ist auf die Begleitumstände dieses Freispruchs aufmerksam gemacht worden. Die Geschworenen standen unter dem Druck der öffentlichen Meinung. Der Korrespondent einer großen deutschen Zeitung berichtete, dass ihm ein wallonischer Journalist kurz vor der Urteilsverkündung gesagt hatte: „Sollte gegen jedes Erwarten ein Schuldspruch erfolgen, dann springen Sie sofort mit mir aus dem Fenster hinaus. Wir werden uns dabei vielleicht ein Bein brechen, aber hier drinnen wird dann gelyncht."

aus: J. Fischer, Von der Utopie bis zur Vernichtung „lebensunwerten Lebens", in: H. C. v. Hase (Hg.), Evangelische Dokumente zur Ermordung der „unheilbar Kranken" unter der nationalsozialistischen Herrschaft in den Jahren 1939–1945, Stuttgart 1964, S. 62

M 2 Unrecht gegenüber der Mutter?

Ein Kind wurde geboren mit Downsyndrom (auch bekannt als Mongolismus, eine spezielle Form von geistiger Entwicklungsstörung), einer Obstruktion der Eingeweide und einem angeborenen Herzfehler. Die Mutter meinte, es sei ihr unmöglich, sich um das Kind zu kümmern; dies würde eine vernichtende Wirkung auf ihre bereits labile Ehe haben. Sie weigerte sich daher, die Erlaubnis für eine Operation zur Beseitigung der Darmobstruktion zu geben. (Ohne Operation hätte das Baby bald sterben müssen.) Daraufhin erlangte eine lokale Organisation für Kinderwohlfahrt, unter Berufung auf ein Statut über Kindesmisshandlungen, einen Gerichtsentscheid mit der Auflage, die Operation durchzuführen. Nach einem komplizierten Operationsverlauf und der Aufbringung von mehreren tausend Dollar für die medizinische Behandlung wurde das Kind der Mutter zurückgegeben. Das Baby blieb allerdings nicht nur geistig zurück, sondern wegen des Herzfehlers auch in der physischen Entwicklung. Eine Nachfrage achtzehn Monate nach der Geburt des Babys ergab, dass die Mutter mehr denn je das Gefühl hatte, dass ihr ein schwer wiegendes Unrecht zugefügt worden war.

aus: Peter Singer, Praktische Ethik. © Reclam, Stuttgart 1984, S. 102 f.

M 3 Der Fall Andrew

Im Dezember 1976, als die Lehrerin Peggy Stinson seit 24 Wochen schwanger war, setzten die Wehen frühzeitig ein. Das Baby, dem Robert und Peggy den Namen Andrew gaben, war gerade noch lebensfähig. Obwohl beide Eltern eindeutig kundtaten, dass sie keine lebensverlängernden Maßnahmen wünschten, setzten die verantwortlichen Ärzte sämtliche verfügbare medizinische Technologie ein, um das Kind am Leben zu erhalten. Andrew hatte periodisch wiederkehrende Anfälle. Es wurde klar, dass er, falls er überhaupt überleben würde, auf Dauer schwer behindert sein würde. Andrew hatte zudem beträchtlich zu leiden: einmal meinte sein Arzt zu den Stinsons, dass das Atmen Andrew „höllisch weh tun" müsse. Andrews Behandlung kostete 1977 104 000 Dollar; heute wäre sie vermutlich dreimal so teuer, denn die Intensivbehandlung von extrem früh Geborenen kostet 1500 Dollar pro Tag.

Andrew Stinson wurde am Leben erhalten und zwar gegen den Wunsch seiner Eltern und mit erheblichen finanziellen Kosten, obwohl er erwiesenermaßen zu leiden hatte und trotz der bald offensichtlichen Tatsache, dass er nie imstande sein würde, ein unabhängiges Leben zu führen oder so zu denken und zu sprechen wie die meisten Menschen.

aus: Peter Singer, Praktische Ethik. © Reclam, Stuttgart 1984, S. 116

A 19 Die Position Peter Singers

M 1 Was ist eine Person?

Der Ausdruck „menschliches Wesen" kann eine genaue Bedeutung haben und zum Beispiel als Äquivalent zu „Mitglied der Spezies Homo sapiens" verwendet werden. Ob ein Wesen Mitglied einer bestimmten Spezies ist, lässt sich wissenschaftlich bestimmen durch die Untersuchung der Beschaffenheit der Chromosomen in den Zellen lebender Organismen. Legt man diese Bedeutung zugrunde, so besteht kein Zweifel, dass ein von menschlichen Eltern gezeugter Fötus vom ersten Moment seiner Existenz an ein menschliches Wesen ist; und dasselbe trifft zu für das schwerst und unheilbar geistig behinderte menschliche Wesen, ja sogar für einen anenzephalischen Säugling – genau gesagt: ein Säugling ohne Gehirn.
Eine andere Verwendung des Begriffs „menschlich" wurde von Joseph Fletcher vorgeschlagen. […]
Fletcher hat eine Liste mit „Indikatoren des Menschseins" aufgestellt, die Folgendes umfasst: Selbstbewusstsein, Selbstkontrolle, Sinn für Zukunft, Sinn für Vergangenheit, die Fähigkeit, mit anderen Beziehungen zu knüpfen, sich um andere zu kümmern, Kommunikation und Neugier. Diese Bedeutung des Begriffs haben wir vor Augen, wenn wir von jemand sagen, er sei ein „wirklich menschliches Wesen" oder zeige „wahrhaft menschliche Eigenschaften". Damit meinen wir natürlich nicht, dass die Person der Spezies Homo sapiens angehört, was eine biologische Tatsache ist und kaum in Zweifel gezogen wird; wir implizieren vielmehr, dass menschliche Wesen gewisse charakteristische Eigenschaften besitzen und dass die betreffende Person sie in einem hohen Maße besitzt.
Diese beiden Bedeutungen von „menschliches Wesen" überschneiden sich, aber sie fallen nicht zusammen. Der Fötus, das schwerst geistig behinderte Kind, selbst das neugeborene Kind – sie alle sind unbestreitbar Mitglieder der Spezies Homo sapiens, aber niemand von ihnen besitzt ein Selbstbewusstsein oder hat einen Sinn für die Zukunft oder die Fähigkeit, mit anderen Beziehungen zu knüpfen. Daher kann die Wahl zwischen den beiden Bedeutungen für unsere Antwort auf Fragen wie „Ist der Fötus ein menschliches Wesen?" einen großen Unterschied ausmachen.
Wenn wir zu wählen haben, welche Begriffe wir in einer Situation wie dieser verwenden, sollten wir uns für Begriffe entscheiden, die uns befähigen, unsere Absicht klar auszudrücken, die aber nicht die Antwort auf substanzielle Fragen vorwegnehmen. […]
Um nicht zu präjudizieren und um meine Absicht klarzumachen, werde ich den verzwickten Begriff „menschlich" vorübergehend aufgeben und zwei verschiedene Begriffe dafür einsetzen, die den beiden verschiedenen Bedeutungen von „menschlich" entsprechen. Für die erste, biologische Bedeutung werde ich den schwerfälligen, aber präzisen Begriff „Mitglied der Spezies Homo sapiens" verwenden, für die zweite Bedeutung den Begriff „Person".
Dieser Gebrauch von „Person" kann leider selbst irreführend sein, weil „Person" oft in der Bedeutung von „menschliches Wesen" verwendet wird. Dennoch sind die Begriffe nicht bedeutungsgleich; es könnte eine Person geben, die nicht Mitglied unserer Spezies ist. Es könnte auch Mitglieder unserer Spezies geben, die nicht Personen sind. […]

aus: Peter Singer, Praktische Ethik. © Reclam, Stuttgart 1994, S. 118 f.

M 2 Der Einfluss des Christentums auf die heutige Ethik

[…] Dass es unrecht ist, einem Wesen Schmerz zuzufügen, kann nicht von seiner Gattungszugehörigkeit abhängen; ebenso wenig, dass es unrecht ist, es zu töten. Die biologischen Fakten, an die unsere Spezies gebunden ist, haben keine moralische Bedeutung. Dem Leben eines Wesens bloß deshalb den Vorzug zu geben, weil das Lebewesen unserer Spezies angehört, würde uns in dieselbe Position bringen wie die Rassisten, die denen den Verzug geben, die zu ihrer Rasse gehören.
Diese Schlussfolgerung […] weicht stark von der vorherrschenden Auffassung in unserer Gesellschaft ab, die, wie wir gesehen haben, das Leben aller Mitglieder unserer Spezies als heilig betrachtet. Wie konnte unsere Gesellschaft eine Ansicht akzeptieren, die kritischer Betrachtung so wenig standhält? Ein kurzer historischer Exkurs mag der Klärung dienen. Wenn wir zu den Ursprüngen der westlichen Zivilisation, in die Zeiten der Griechen und Römer, zurückgehen, sehen wir, dass die Zugehörigkeit zur Spezies Homo sapiens nicht genügte, um den Schutz des Lebens zu garantieren. Es gab keine Achtung vor dem Leben von Sklaven oder anderen „Barbaren"; und sogar bei den Griechen und Römern selbst hatten Säuglinge nicht automatisch ein Recht auf Leben. Die Griechen und Römer töteten missgestaltete oder schwache Säuglinge, indem sie sie in Gebirgsgegenden aussetzten. Platon und Aristoteles waren der Meinung, der Staat sollte die Tötung missgestalteter Säuglinge durchsetzen. Der berühmte Gesetzestext, der von Lykurg und Solon verfasst worden sein soll, enthielt ähnliche Vorschriften. […]

Unsere heutige Haltung geht auf das Christentum zurück. Es gab eine spezifisch theologische Motivation für die Christen, die Wichtigkeit der Zugehörigkeit zur Spezies zu propagieren; es war der Glaube, alle von menschlichen Eltern Geborenen seien unsterblich und zu ewiger Seligkeit oder immerwährender Qual vorherbestimmt. Mit diesem Glauben bekam das Töten eines Homo sapiens eine schreckliche Tragweite, weil dadurch ein Wesen seinem ewigen Schicksal überliefert wurde. Eine zweite christliche Lehre, die zu demselben Resultat führte, war der Glaube, dass wir, weil von Gott geschaffen, sein Eigentum sind; einen Menschen töten aber hieße sich ein Recht Gottes anmaßen, nämlich darüber zu entscheiden, wann wir leben und wann wir sterben. Thomas von Aquin drückte es so aus: Ein menschliches Leben auslöschen ist dieselbe Sünde gegen Gott wie gegen einen Herrn, dessen Sklaven man tötet. Andererseits glaubte man, dass nichtmenschliche Lebewesen von Gott unter die Herrschaft des Menschen gestellt worden seien, wie in der Bibel geschrieben steht (vgl. 1. Mose 1,29 und 9,1–3). Daher konnten Menschen nichtmenschliche Lebewesen nach Belieben töten, sofern sie nicht das Eigentum eines anderen waren.

Während der jahrhundertelangen christlichen Vorherrschaft im europäischen Denken wurden die moralischen Auffassungen, die sich auf diese Lehren gründeten, Bestandteil der unangefochtenen moralischen Orthodoxie europäischer Zivilisation. Heute sind diese Lehren nicht mehr allgemein anerkannt, aber die moralische Haltung, die sie zur Folge hatten, passt nur zu gut zu der tief verwurzelten westlichen Überzeugung von der Einzigartigkeit und den besonderen Vorrechten unserer Spezies und lebt deshalb fort. Da wir nun allerdings unsere speziesistische Auffassung von der Natur überdenken, ist es auch an der Zeit, unseren Glauben, dass das Leben der Angehörigen unserer Spezies heilig sei, zu überdenken.

aus: Peter Singer, Praktische Ethik. © Reclam, Stuttgart 1994, S. 121 ff.

M 3 Darf ein neugeborenes Kind getötet werden?

Ich betrachte den Konflikt zwischen meiner Position und den weit verbreiteten Ansichten über die Heiligkeit des Lebens von Säuglingen nicht als Grund, meine Position aufzugeben. Ich finde, dass diese weit verbreiteten Ansichten kritikbedürftig sind. Es stimmt, dass Babys auf uns eine besondere Wirkung haben, weil sie klein und hilflos sind und es gibt zweifellos sehr gute evolutionäre Gründe, weshalb wir uns ihnen gegenüber als Beschützer fühlen sollten. […] Weil Kleinkinder im Allgemeinen harmlos und moralisch unfähig sind, ein Verbrechen zu begehen, mangelt es denen, die sie töten, an Entschuldigungen, die oft für die Tötung von Erwachsenen vorgebracht werden. Nichts von alledem weist allerdings daraufhin, dass das Töten eines Säuglings ebenso schlimm sei wie das Töten eines (unschuldigen) Erwachsenen.

In diesem Zusammenhang sollten wir Gefühle beiseite lassen, die aus dem Anblick kleiner, hilfloser und – zuweilen – niedlicher menschlicher Säuglinge herrühren. Der Gedanke, das Leben von Säuglingen habe einen besonderen Wert, weil Säuglinge klein und niedlich sind, steht auf einer Stufe mit dem Gedanken, dass ein Robbenbaby mit seinem weichen weißen Fell und großen, runden Augen mehr Schutz verdiene als ein Gorilla, dem diese Eigenschaften fehlen. Auch kann die Hilflosigkeit oder Unschuld eines Homo-sapiens-Säuglings nicht der Grund dafür sein, ihm vor einem ebenso hilflosen und unschuldigen Homo-sapiens-Fötus den Vorzug zu geben, oder schließlich vor Versuchsratten, die in genau dem gleichen Sinn „unschuldig" sind wie der menschliche Säugling und, angesichts der Macht des Versuchsleiters, fast ebenso hilflos.

Wenn wir diese emotional bewegenden, aber im Grunde unerheblichen Gesichtspunkte im Zusammenhang mit der Tötung eines Babys zurückstellen können, vermögen wir zu erkennen, dass sich die Gründe gegen das Töten von Personen nicht auf neugeborene Säuglinge anwenden lassen. […] Ein Neugeborenes ist nicht imstande, sich selbst als ein Wesen zu sehen, das eine Zukunft haben kann oder nicht, und daher kann es auch keinen Wunsch haben weiterzuleben. Wenn das Recht auf Leben auf die Fähigkeit, weiterleben zu wollen, oder auf das Vermögen, sich als kontinuierliches mentales Subjekt zu betrachten, gegründet werden muss, dann kann ein Neugeborenes aus eben diesem Grund kein Recht auf Leben haben. Schließlich ist ein Baby kein autonomes Wesen, das fähig zu Entschlüssen wäre – es töten kann daher nicht heißen, dass man das Prinzip des Respekts vor der Autonomie verletzt. In all diesen Hinsichten befindet sich das Neugeborene auf demselben Stand wie der Fötus und folglich gibt es weniger Gründe gegen die Tötung von Babys und Föten als gegen die Tötung derjenigen, die sich selbst als distinkte, in der Zeit existierende Entitäten begreifen können.

aus: Peter Singer, Praktische Ethik. © Reclam, Stuttgart 1994, S. 220 f.

A 19 Die Position Peter Singers

M 4 Gemeinsamer Brief der Klasse 8,2 körperbehinderter Kinder des Reha-Zentrums in Neckargemünd an Prof. Peter Singer

Neckargemünd, den ...
Sehr geehrter Herr Prof. Singer,
wir, eine Klasse behinderter Schüler aus Deutschland, haben im Religionsunterricht Auszüge aus Ihrem Buch „Praktische Ethik" gelesen und mehrere Fernsehaufzeichnungen über Sie gesehen. Danach entstand eine lebhafte Diskussion in unserer Klasse. Zunächst einmal haben wir den Eindruck, dass Sie sich in die Situation eines Behinderten nicht hineinversetzen können. Als Behinderter lebt man grundsätzlich nicht viel anders als ein Nichtbehinderter. Die Schwierigkeiten tauchen erst auf, wenn man merkt, dass man von der Gesellschaft nicht für voll genommen wird. Wir haben z. B. alle schon mehrfach erlebt, dass Leute uns Geld zustecken und dabei wahrscheinlich denken, sie hätten eine gute Tat vollbracht, obwohl sie uns damit eher kränken, oder dass man ständig wie ein Zootier bestaunt wird, und vor allem, dass man in der Öffentlichkeit meistens Behinderung mit geistigem Defekt gleichsetzt. Wir haben den Eindruck gewonnen, dass die folgenden Gedankengänge in Ihrem Buch gar nicht berücksichtigt werden. Als Behinderter wird man schon sehr früh zum Nachdenken über sich selbst und wichtige Lebensprobleme gezwungen. Das führt dazu, dass der Behinderte im Durchschnitt sehr viel schneller reift und meist tiefere Einsichten über das Leben gewinnt, als der Nichtbehinderte. Können Sie sich einen Roosevelt, Stephen Hawking, Cäsar oder Dostojewski aus unserer Welt wegdenken? Alle waren mehr oder weniger schwer behindert. Wir finden das Leben trotz unserer Behinderung sehr lebenswert und haben uns noch nie den Tod gewünscht.
Wir würden uns sehr freuen, wenn Sie trotz Zeitmangels auf unseren Brief antworten würden. (Wir verstehen auch Englisch.)
Viele Grüße
in der Hoffnung, bald von Ihnen zu hören
Klasse 8,2

aus: Entwurf 2–3/93, S. 52. © Entwurf, Stuttgart

M 5 Brief von Prof. Peter Singer an die Klasse 8,2 des Reha-Zentrums in Neckargemünd vom 22. 10. 1991

Liebe Klasse 8,2!
Ich danke euch für euren Brief. [...]
Ihr sagt, dass ihr das Leben mit einer Behinderung für nicht schlechter haltet als das Leben ohne eine Behinderung. Doch mich würden eure Antworten auf die folgende Frage interessieren: Wenn ihr eine einzige Tablette nehmen könntet, die – ohne irgendwelche Nebenwirkungen – eure Behinderung beseitigen würde, würdet ihr sie nehmen?
Ich frage mich, ob ihr auch so weit gehen würdet zu meinen, dass Eltern nicht einmal das Recht haben sollten, pränatale Diagnostik in Anspruch zu nehmen und danach die Schwangerschaft abzubrechen, falls sich zeigt, dass das Kind eine schwere Behinderung hat? Lehnt ihr ebenso eine genetische Beratung ab, die der Empfängnis behinderter Kinder vorbeugen soll? Meint ihr, es sei richtig, schwangere Frauen davon zu überzeugen, auf exzessiven Alkoholgenuss zu verzichten, da er nachweislich eine Ursache für Gehirnschädigungen bei Kindern ist? Wenn ihr es in irgendeiner dieser Situationen für akzeptabel haltet, eine Behinderung zu vermeiden, dann doch deshalb, weil ihr glaubt, dass die Meinung akzeptabel ist, dass – vorausgesetzt alles andere wäre gleich – es besser ist, ohne Behinderung zu sein.
Der Kernpunkt meiner Auffassung ist, dass neugeborene Kinder – ob behindert oder nicht – nicht dasselbe Recht auf Leben haben wie ein Wesen, das ein (starkes) Interesse an der Fortsetzung seines Lebens haben kann. Darum meine ich, dass die Tötung eines Neugeborenen ein Recht auf Leben, das das Kind hat, nicht mehr verletzt als die Entscheidung zur Verhütung eines Kindes oder zur Abtreibung eines Fötus ein Recht auf Leben verletzt. Es ist klar, dass diese Auffassung in keiner Weise das Lebensrecht irgendeines Wesens infrage stellt, das fähig ist, die Fortsetzung seines Lebens zu wünschen.
Schließlich, was Roosevelt, Hawking usw. betrifft: Wer vermag denn schon zu sagen, welche Genies nicht einmal empfangen wurden, weil ihre Eltern bereits ein Kind hatten und sich dafür entschieden, kein zweites mehr zu wollen? Ich glaube nicht, dass dieses Argument von Bedeutung ist für die Sache, die ich erörtere.
Mit den besten Wünschen
Peter Singer

aus: Entwurf 2–3/93, S. 52. © Entwurf, Stuttgart

Die christliche Ethik zur neuen Euthanasie-Debatte A 20

M 1 Der Sterbende ist Auftrag für den Lebenden

Wer unter Berufung auf die individuelle Selbstbestimmung den Menschen für einen angeblich „menschenwürdigen" Tod verantwortlich machen möchte, liefert ihn nicht nur seinen eigenen Ängsten, seiner Versuchung zur Resignation und seinen depressiven Stimmungen, sondern auch den Ansprüchen der Gesellschaft aus. Dieser Zusammenhang bleibt in dem Versuch ausgeblendet, das fünfte Gebot „Du sollst nicht töten" als ein unbarmherziges, abstraktes Prinzip in Misskredit zu bringen, dem der leidende Mensch zynisch geopfert wurde. Angesichts der Zwänge, in die unheilbare Kranke schon vor dem Beginn ihrer letzten Sterbephase geraten können, wahrt das Tötungsverbot vielmehr die Freiheit der Sterbenden und ihr Recht auf den eigenen Tod. Dieser meint seiner ursprünglichen Bedeutung nach nicht ein künstliches, von planender Hand herbeigeführtes Ereignis, sondern eine allen Menschen verfügte Grenze, die dem Sterbenden und seiner Umgebung entzogen bleibt. Dahinter steht die Überzeugung, dass wir einen anderen Menschen nur dann wirklich achten, wenn wir ihn in der konkreten leiblichen Gestalt annehmen, in der er uns begegnet, sei dies als gesunder Mensch auf der Höhe seiner persönlichen Attraktivität und beruflichen Leistungsfähigkeit, sei es als kranker oder sterbender Mensch in der äußersten Verletzlichkeit seines körperlichen Daseins. [...]

Die Forderung nach einer künstlichen Beschleunigung des Todes und einer Manipulation seines Eintritts erscheint in unserer Gesellschaft vielen auch deshalb plausibel, weil uns eine entscheidende Wahrheit über den Menschen abhanden zu kommen droht: Angewiesen sein auf fremde Hilfe und körperliche Schwäche sind nicht menschenunwürdig, sondern eine Signatur des menschlichen Daseins, die im kranken Menschen besonders deutlich wird. Indem wir die moralischen Schranken akzeptieren, die uns durch das Tötungsverbot und das christliche Liebesgebot im Blick auf das Lebensende eines anderen Menschen gesetzt sind, anerkennen wir die Wahrheit unserer eigenen Endlichkeit. Die Bereitschaft, die in Geburt und Tod verfügten Grenzen hinzunehmen und zu einer grundlegenden Passivität unseres Lebens „Ja" zu sagen, führt deshalb zu keiner Entfremdung des Menschen, über die er sich in der Kraft seiner moralischen Selbstbestimmung erheben müsste. Auch angesichts undurchschaubarer Grenzerfahrungen und äußerster Belastungen wird menschliches Leben nicht einfach „sinnlos" und „unnütz". Gerade in den kranken und sterbenden Menschen wird vielmehr eine verborgene Würde sichtbar, für die das leistungsorientierte Gesundheitsideal unserer Gesellschaft blind bleibt. [...]

Mitleid und Liebe meinen nicht nur ein reaktives Gefühl, das die Not des leidenden Mitmenschen nicht „mit ansehen" kann, sondern die Bereitschaft zur tatkräftigen Hilfe, die bei einem sterbenden Menschen ausharrt und ihm hilft, seinen eigenen Tod anzunehmen. Man hat deshalb das fünfte Gebot noch nicht wirklich verstanden, solange man ihm nur die Aufforderung zur Unterlassung medizinischer Handlungen mit unmittelbarer Todesfolge entnimmt. Das in allen Weltreligionen und Kulturräumen bekannte Grundgebot „du sollst nicht töten" meint nämlich über die negative Schranke hinaus auch einen positiven Auftrag. Es markiert zunächst nur die Untergrenze, mit deren Beachtung unsere Verantwortung für das Leben der Sterbenden noch keineswegs abgegolten ist. Die ursprünglichen Intentionen des Tötungsverbotes lassen sich vielmehr nur dann erfüllen, wenn es im Licht des biblischen Liebesgebotes als ein Appell verstanden wird, der uns zur menschlichen Solidarität in den belastenden Lebenssituationen unheilbarer Krankheit und des bevorstehenden Sterbens aufruft. [...]

Die künstliche Verlängerung des Lebens um jeden Preis und die bewusste Beschleunigung des Todes entspringen in vielfacher Hinsicht – sowohl aus der Perspektive des Arztes als auch aus der des Patienten – gegensätzlichen Zielsetzungen. Sie stimmen aber darin überein, dass sie der Annahme des eigenen Todes ausweichen und ihn in ein vom Menschen zu bewerkstelligendes Ereignis verwandeln. Der Gedanke des eigenen Todes, den in Würde zu sterben jeder Mensch das Recht hat, fordert dagegen einen dritten Weg jenseits der unmenschlichen Alternative von Lebensverlängerung um jeden Preis und künstlicher Herbeiführung des Todes. Dieser dritte Weg bezeichnet den Auftrag zu einer humanen und christlichen Sterbebegleitung, die sich in der Begegnung mit dem sterbenden Menschen jedem aus einer unterschiedlichen Perspektive stellt, dem Arzt ebenso wie der Krankenschwester, dem Seelsorger wie dem Angehörigen. [...]

aus: Eberhard Schockenhoff, Der Sterbende ist Auftrag für den Lebenden, in: Sekretariat der Deutschen Bischofskonferenz, Kirchenamt der Evangelischen Kirche in Deutschland (Hg.), Leben bis zuletzt. Sterben als Teil des Lebens, Bonn 1996, S. 28 f. © Eberhard Schockenhoff

M 2 Interview mit Prof. Hans Küng über die Hilfe des Arztes zum Sterben

FR: Her Professor Küng, wie kann aus theologischer Sicht die Sterbehilfe vor dem Hintergrund des christlichen Gebotes „Du sollst nicht töten" gerechtfertigt werden?

Küng: Das Gebot „Du sollst nicht töten" meint ja ursprünglich im strikten Sinne „Du sollst nicht morden", was niedrige Beweggründe voraussetzt. In der Geschichte christlicher Theologie wurde dieses Gebot ohnehin nie absolut verstanden. In Fällen von individueller und kollektiver Notwehr wurden – auch nach der neuesten päpstlichen Enzyklika – ja immer Ausnahmen zugestanden. Und im Fall der aktiven Sterbehilfe geht es nicht um Morden und auch nicht eigentlich um Töten, sondern um eine Hilfe beim ohnehin gegebenen Sterbeprozess aus Barmherzigkeit: einem totgeweihten Menschen ein langes, qualvolles, unwürdiges Sterben zu ersparen. Gerade wer überzeugt ist, dass mit dem Tod nicht alles aus ist, sondern dass er in eine letzte Wirklichkeit hineinstirbt, die wir Gott nennen, müsste eigentlich weniger darum bekümmert sein, dieses sterbliche irdische Leben – womöglich noch mit allem technischen Aufwand – selbst unter unerträglichen Bedingungen verlängern zu wollen.

FR: Die Autonomie des Individuums ist eines Ihrer Kardinalargumente für die Sterbehilfe. Doch ist ein sterbender Mensch noch autonom in seinen Entscheidungen, ist dies nicht eher eine Fiktion?

Küng: Ich vertrete eine menschliche Autonomie, die in Theonomie gegründet ist. Nach christlicher Auffassung ist das Leben des Menschen eine Gabe Gottes, zugleich aber auch des Menschen Aufgabe. Die Selbstverantwortung des Menschen erstreckt sich vom Anfang bis zum Ende seines Lebens. Deshalb sollten Menschen schon vorher über die Art ihres Sterbens in Form von Patiententestamenten Regulierungen treffen können, die dann auch vom Arzt ohne Wenn und Aber zu respektieren sind.

FR: Wenn die Schmerzen medikamentös genommen und der Sterbende nicht isoliert ist, heißt ein Einwand, gibt es den Wunsch nach Euthanasie nicht. Sehen Sie den Menschen in dieser Frage zu wenig als sozial eingebundenes Wesen, ist Euthanasie vielleicht nur der bequemere Weg?

Küng: Alles, was Walter Jens und ich bisher an Reaktionen auf unser Buch[1] bekommen haben, bezeugt das Gegenteil. Ärzte sollen aufhören zu behaupten, es gäbe den Wunsch nach Sterben nicht. „Die Gedanken und der Wunsch nach einem schnellen Tod sind seit 1978 meine ständigen Begleiter", schreibt mir gerade heute eine 80-Jährige, die wegen Knochenschwund an Wirbelsäule und Rippen ständig furchtbare Schmerzen erleidet. Ärzte sollten auch nicht behaupten, sie könnten dem Patienten alle Schmerzen gewissermaßen wegzaubern, auch die Palliativmedizin hat ihre Grenzen, außer man macht einen Menschen zum willenlosen Objekt, was die Würdelosigkeit seines Sterbens nur noch erhöht. Uns geht es nicht um den bequemeren Weg, sondern im Gegenteil darum, dass ein totgeweihter Mensch, der in einem unwürdigen Zustand dahinvegetieren muss, Hilfe bei der Verkürzung seines Lebens bekommt – falls er dies wünscht.

FR: Sehen Sie die Gefahr, dass Sterbehilfe zum Instrument der herrschenden Sozialdoktrin werden kann, dass ein bestimmtes Klima bestimmten Gruppen signalisiert, ihr Leben belaste die Gesellschaft?

Küng: Selbstverständlich sehen wir die Gefahr. Wer aber unser Buch gelesen hat, weiß, dass wir uns vehement gegen einen solchen Missbrauch ausgesprochen haben. Wir plädieren ja für die Selbstbestimmung des Menschen und lehnen jede Fremdbestimmung ab – sei es durch die Gesellschaft oder durch das Gesundheitswesen. Gerade deshalb fordern wir klare gesetzliche Regelungen, damit Missbräuche, etwa familiäre Manipulationen oder sozialer Druck, bestraft werden können. Unser Ansatz ist umgekehrt: Wenn Menschen selber ihren Zustand als eine nicht mehr aushaltbare Belastung empfinden, sollen sie, die das letztlich alleine beurteilen können, das Recht haben, dieses unerträglich gewordene Leben zu verkürzen und es – so sehe ich es als religiöser Mensch – in einer letzten Hingabe in die Hände Gottes zurückzugeben.

FR: Sie schreiben in Ihrem Buch, dass Sie ruhiger arbeiten könnten, wenn Sie wüssten, dass am Ende ein Arzt da sei, der Ihnen beim Sterben hülfe. Könnten Sie nicht genauso ruhig arbeiten, wenn am Ende ein Mensch dastünde, der Ihnen nicht die Todesspritze, sondern Geborgenheit gibt?

Küng: Selbstverständlich hoffe ich, dass auch mir am Ende meines Lebens jemand beisteht. Mein christlicher Glaube sagt mir, dass wir im Tod einem Gott der Barmherzigkeit begegnen und nicht einem grausamen Despoten, der den Menschen möglichst lang in der Hölle seiner Schmerzen oder der reinen Hilflosigkeit sehen will.

[1] W. Jens, H. Küng, Menschenwürdig sterben. Ein Plädoyer für Selbstverantwortung, München 1995

aus: Frankfurter Rundschau, 14./15. 6. 1995

M 3 Recht auf Leben für alle

Das philosophische Denken des Utilitarismus, wie es u. a. durch die Thesen des australischen Philosophen Peter Singer in die Schlagzeilen geraten ist, zielt in aller Deutlichkeit auf die Selektion schwer beeinträchtigten Lebens unter dem Namen Euthanasie. [...] Diese Verbindung von Lebensrecht und Lebenswert soll dann die Tötung all derer legitimieren, deren Leben nach der ausgelegten Skala keinen „Wert" und die darum kein Recht auf Leben haben. [...]
Ich setze dagegen: Menschliches Leben kann überhaupt nicht in Wert-Kategorien gemessen werden. Es kann nicht quantifiziert oder portioniert werden nach Abstufungen von mehr oder weniger wert, von höher- oder minderwertig. Wert ist ein Relationsbegriff, der grundsätzlich mit jedem beliebigen Maß kombiniert werden kann, also je nach politischen und ökonomischen Machtverhältnissen beliebige Klassifikationen erlaubt. Darum enthält jeder Versuch, das Recht auf Leben an Bedingungen zu knüpfen (Personalität, Selbstbestimmung, Kommunikation usw.), in sich alle Möglichkeiten des Terrors, da die unaufhebbare Beliebigkeit solcher „Kriterien" ihre jederzeitige Veränderbarkeit einschließt und da über das bevollmächtigte Subjekt, das solche Definitionen zu setzen und danach zu handeln berechtigt ist, keine Klarheit zu erzielen ist. [...]
Wir müssen daher ganz grundsätzlich fragen: Sollen wir Würde als Eigenschaft oder Merkmal eines Menschen verstehen, deren Besitz oder Vollzug er gegebenenfalls nachweisen muss, oder als Wertschätzung, als Ehre, die ihm beigelegt, zugetragen, entgegengebracht wird? Aus der Geschichte, aus der wir herkommen, kann es auf diese Frage nur eine Antwort geben: Menschenwürde ist ein Würdeprädikat, das einem – jedem – Menschen zugesprochen ist aufgrund seiner Zugehörigkeit zur Menschheit [...]. Religiös formuliert: Der Mensch hat seine Würde darin, dass er als Kind Gottes berufen und angenommen ist. Menschenwürde ist nicht am Vorhandensein bestimmter Ausstattungsmerkmale wie Bewusstsein oder Auf-eigenen-Füßen-gehen-Können abzulesen. Menschenwürde ist keine angeborene Eigenschaft, sondern gründet in dem Aufgerufen- und Angenommensein als Kind Gottes. Wir müssen darum sehr wachsam sein, dass nicht die Rede von menschenwürdigem oder menschenunwürdigem Sterben an Funktionen oder Merkmalen des sterbenden Menschen festgemacht wird (was er noch kann, erfährt oder erlebt…), sondern an dem, was ihm widerfährt: dass er nicht einsam sterben muss, dass er nicht von Schmerzen zerrissen sterben muss, dass seine Intimität respektiert wird, dass er angesprochen wird. Wir sollten die Rede von menschenwürdigem Sterben stets auf das beziehen, was einem Menschen in dieser letzten Phase oder Wegstrecke seines Lebens widerfährt, wie wir mit ihm umgehen, nicht darauf, was er noch kann. Denn im letzteren Fall gibt es keinen Schutz dagegen, dass Wertskalen erstellt werden, ab wann denn solch ein Leben nicht mehr lebenswert sei.

aus: Hans Grewel, Euthanasie und Technologie. Anfragen an unser Menschenbild, in: Die Christenlehre 4/95, S. 143 ff.

M 4 Menschenrechte

1. Niemand hat das Recht, einem Menschen die Mit-Menschlichkeit, die Förderung und die Hilfsmittel zu verweigern, die dieser zur Entfaltung seiner Lebensmöglichkeit braucht. (Mt. 20,1–15; 25,34–40)
2. Niemand hat das Recht, einen Menschen, der allein nicht zurechtkommt, seiner Not zu überlassen. (Lk. 10,30–35)
3. Niemand hat das Recht, einen Menschen zu schädigen oder zu verletzen. (Mt. 5,44)
4. Niemand hat das Recht, das Lebensrecht eines Menschen an Bedingungen (Merkmale, Eigenschaften) zu knüpfen. (Ps. 139,13–16)
5. Niemand hat das Recht, die Annahme eines Kindes zu verweigern, weil es nicht die gewünschten Merkmale oder Eigenschaften (z. B. Geschlecht, Unversehrtheit) aufweist. (Ps. 127,3)
6. Niemand hat das Recht, für andere Menschen zu verfügen, dass ihr Leben „nicht lebenswert" oder minderen Werts sei. (Mk. 2,16, Ps. 22)
7. Niemand hat das Recht, das Leben auch nur eines einzigen Menschen übergeordneten Zwecken zu opfern. (Mk. 2,27)
8. Niemand hat das Recht, einen Menschen zu töten vom ersten Augenblick seines Lebens an. (Gen. 1,27, Ps. 8)
9. Niemand hat das Recht, einen Menschen zu Handlungen zu zwingen oder zu verführen, die gegen sein Gewissen verstoßen. (Mt. 10,28; Apg. 5,29)
10. Niemand hat das Recht, einem Menschen die Vergebung (die Chance zur Umkehr, zum Neubeginn) zu verweigern. (Mt. 18,21 f., 23–34)

aus: Hans Grewel, Recht auf Menschlichkeit, Ethische Grundfragen in der Diskussion, in: Christenlehre 5/93, S. 193

Kommentar

Einleitung

Am Ende des zweiten Jahrtausends nach Christus steht die Menschheit vor einem epochalen Einschnitt, der ihr Verhältnis zur Arbeit, zum Leben und damit zum Denken beeinflussen wird. War das bisherige Industriesystem die Endphase einer Epoche, die primär mit Hilfe des Feuers Rohstoffe bearbeitete und damit die unbelebte Natur zugunsten menschlicher Zwecke veränderte, scheint nun eine Phase zu beginnen, in der das Leben selbst in allen Ausformungen zum Gegenstand menschlichen Beeinflussungsdranges wird. In der Vergangenheit musste zur Manipulation von Leben die Umwelt der Lebewesen umgestaltet werden und auch die Züchtung von Tieren beschränkte sich auf die selektive Optimierung des Vorgegebenen – eine grundlegende Änderung der vorhandenen Strukturen von Menschen, Tieren und Pflanzen lag nicht im Bereich des Möglichen. Diese Grenzen werden gegenwärtig in einer atemberaubend schnellen Entwicklung überschritten, so schnell, dass viele Menschen diese Entwicklung kaum verarbeiten können.

Dieses Problem versucht die „Bioethik" zu lösen. Damit sind die ethischen Probleme gemeint, die sich besonders am Anfang und Ende des menschlichen Lebens stellen und die durch die veränderten technischen Möglichkeiten – hier sei als Beispiel nur auf die Reproduktionsmedizin verwiesen – immer neue Fragen aufwerfen und Entscheidungen erfordern. Auch die „Bioethiker" können sich in der Regel nur zu Entwicklungen äußern, die schon irgendwo realisiert oder zumindest angedacht worden sind und laufen deshalb Gefahr, entweder das ohnehin Stattfindende nachträglich zu legitimieren oder aber als ohnmächtige Warner nicht ernst genommen zu werden.

Ebenso wie die philosophische versucht auch die christliche Ethik, die Veränderungen nachzuvollziehen und Maßstäbe zu ihrer Bewertung zu formulieren. Christliche Ethiker stehen vor der Herausforderung, die aktuellen Umbrüche vor dem Hintergrund traditioneller Schöpfungsaussagen einzuordnen und tragfähige Maßstäbe für einen verantwortlichen Umgang mit dem biotechnischen Fortschritt zu entwickeln. Damit ist dies auch eine religionspädagogische Fragestellung von großer Aktualität, denn die Schüler, die in dieser Umbruchsituation aufwachsen, benötigen die Möglichkeit, über diese Entwicklungen nachdenken und kommunizieren zu können. Ohne Hilfe und Unterstützung wird dieser Prozess häufig nicht gelingen.

Die hier vorgelegten Arbeitsblätter sollen einige Informationen und Anregungen für eine Umsetzung des Themas im Religions- und Ethikunterricht geben. Bei der Auswahl der Themen wurde darauf geachtet, dass die wichtigsten der gegenwärtig diskutierten bioethischen Bereiche berücksichtigt wurden. Dabei war es angesichts des beschränkten Platzes unvermeidlich, dass auch wichtige Gebiete wie die Gentechnologie nur ansatzweise und exemplarisch vorgestellt werden konnten.

Ein wesentlicher Gesichtspunkt bei der Zusammenstellung von Themen und Materialien war das Ziel, historische und aktuelle Fragen zu verbinden. So weit möglich soll den Schülern deutlich werden, dass es zum Verständnis verschiedener Probleme sinnvoll und notwendig ist, sich mit der jeweiligen Geschichte zu befassen. Andererseits wird gerade vor diesem Hintergrund erkennbar, wo in der Gegenwart und der nahen Zukunft grundlegend Neues möglich wird. Wenn es gelingt, die Schüler für die Thematik zu interessieren und ihnen diese Zusammenhänge bewusst zu machen, haben die Arbeitsblätter „Bioethik" ihren Zweck erfüllt.

A1

Lassen sich Kriterien zur Beurteilung der aktuellen und absehbaren Entwicklungen im Verhältnis von Mensch und Umwelt aus dem Schöpfungsverständnis der hebräischen Bibel gewinnen? Die viel diskutierte Aufforderung in Gen. 1,28 scheint eine schrankenlose Herrschaft über Pflanzen und Tiere nahe zu legen.

Dieser Satz, den Kritiker des Christentums als Aufforderung zur Umweltzerstörung verstanden haben, legt ein analoges Verhältnis des Menschen gegenüber dem unvollkommenen Ist-Zustand von Mensch und Tier nahe: Wenn alle Kreatur dem menschlichen Herrscher- und Forschungsdrang unterworfen ist, warum sollten dann nicht neue Tiere und auch ein neuer, nämlich immer perfekterer Mensch legitimerweise geschaffen werden?

M 1: Der Einstieg in die Thematik erfolgt aus verschiedenen Gründen über Gen. 1,28. An diesem Beispiel können die Vielschichtigkeit der biblischen Überlieferung veranschaulicht und durch Einblick in die Wirkungsgeschichte des Textes vergangene und gegenwärtige Sichtweisen relativiert werden. Auch können die Schüler sowohl über ihre Einstellung zum Christentum und seinen Einfluss auf die gesellschaftliche Willensbildung wie über ihr Verhältnis zur Umwelt reflektieren. Zudem kann so der weit verbreitete Vorwurf, das Christentum habe die Ausbeutung der Umwelt legitimiert, ansatzweise bearbeitet werden. Vor allem aber sollen Voraussetzungen dafür geschaffen werden, zu einem späteren

Zeitpunkt die Frage erörtern zu können, ob ein Zusammenhang zwischen der Einstellung des Menschen zur Umwelt und zur Schaffung „neuer" Lebewesen und zu seiner eigenen Perfektionierung bestehen.

In einem ersten Schritt können die Schüler den Text etwa unter folgenden *Fragestellungen* bearbeiten:
– Welche Empfindungen löst der Text bei Ihnen aus?
– Erscheint es Ihnen berechtigt, die gegenwärtigen Umweltprobleme (auch) auf eine allzu wörtliche Befolgung dieser Forderung zurückzuführen?
– Formulieren Sie Gen. 1,28 so um, dass das Verhältnis von Mensch, Tier und Umwelt aus Ihrer Sicht angemessen ausgedrückt wird.

Im zweiten Lernschritt können die Schüler sich dem ursprünglichen Bedeutungsgehalt von Gen. 1,28 nähern. Sie erfahren durch die Einbeziehung von 1,29, dass hier bereits die menschliche Verfügungsgewalt über die Tiere mit der Forderung nach vegetarischer Ernährung wesentlich begrenzt wird. Es kann verdeutlicht werden, dass das Verb „unterwerfen" nach heutiger exegetischer Erkenntnis nicht Ausbeutung, sondern verantwortliches Regieren zum Wohl der Untergebenen bedeutet. Die Schüler können sich unter folgender *Fragestellung* mit einigen Bibelstellen befassen:
– Wie versteht das AT das Zusammenleben von Mensch, Tier und Umwelt? Untersuchen Sie dazu folgende Textstellen: Gen. 1,26.31; 2,15.19.20; 6,5–6.9–13; 9,1–13; Jes. 2,1–4 und 11,5–9.

Im Anschluss sollte ein Überblick erfolgen über einige Aspekte der Wirkungsgeschichte von Gen. 1,28 und damit über das „dominium terrae", die menschliche Herrschaft über die Erde. Die Wirkungsgeschichte verdeutlicht die Kontextabhängigkeit von Theologie – eine Mahnung und Herausforderung, bei der Interpretation biblischer Texte nicht vorschnell dem Zeittrend zu folgen, sondern kritisch ihren Gehalt zu überprüfen.

Leitfragen sollten sein:
– Wie wird jeweils das Verhältnis von Gott, Mensch und Natur gesehen?
– Worin bestehen Gemeinsamkeiten und Unterschiede zu vorherigen Positionen?
– Sind Bezüge zu gesellschaftlichen Faktoren zu erkennen?

M 2: Gen. 1,28 sollte der Cartoon gegenübergestellt werden: Der Mensch hat sich seines Herrscheramtes nicht würdig erwiesen – Tiere und Pflanzen haben nur ohne ihn eine Zukunft. Mit dem Cartoon kann die Aufmerksamkeit der Schüler vor dem Einstieg in die Wirkungsgeschichte auf die Brisanz des Verhältnisses von Mensch und Natur, aber auch auf die Ambivalenz menschlicher Innovationen gelenkt werden.

M 3: Der Text von Laktanz zeichnet sich durch das Drei-Stufen-Modell von Gott, Mensch und Natur aus: Der Mensch herrscht über die Natur, wie Gott über ihn herrscht; die Liebe zu Gott erscheint gleichsam als Belohnung Gottes für die Stellung, die er dem Menschen verliehen hatte. In dieser ersten Phase wird generell das Verhältnis Gott – Mensch – Natur statisch interpretiert, was der gesellschaftlichen Ordnung im Römischen Reich und im Feudalismus des Mittelalters entsprach.

M 4: Im Unterschied zu Laktanz hat bei Hugo von St. Viktor die gesamte Umwelt des Menschen nur die Funktion, für diesen zu existieren. Die Aufgabenverteilung von Gott und Mensch mutet deistisch an: Gott hat die Welt geschaffen, der Mensch verwaltet sie. Bedeutsam ist die Hervorhebung der Vernunft, mittels derer der Mensch erfassen kann, was die ihm unterworfenen Tiere benötigen. In dieser zweiten Phase wird das Herrschaftsverständnis des Hochmittelalters reflektiert: Wie der Feudalherrscher im Lehnsverhältnis für seine Untergebenen sorgt, beherrscht der Mensch die Schöpfung, in deren Mittelpunkt er weiterhin steht, muss jedoch auch für sie sorgen.

M 5: In der Quelle kommt das Selbstbewusstsein und der Fortschrittsoptimismus der Renaissance zum Ausdruck. Zwar ist der Mensch noch ein geschaffenes Wesen, aber er übernimmt für seine Umwelt explizit göttliche Funktionen, seine Macht ist schrankenlos. Damit wird das dominium terrae aus seinem jüdisch-christlichen Begründungszusammenhang herausgelöst – die Gottesebenbildlichkeit des Menschen gründet nun in seiner Fähigkeit unbegrenzt kreativ sein zu können.

M 6: Der lutherische Theologe Hanns Lilje (1898–1977), der spätere Landesbischof von Hannover (1947–1969), ging 1928 von der Ambivalenz der Technik aus: Sie kann unter Gottes Verheißung stehen und dem Menschen nutzen, aber auch Ausdruck des Hochmuts und der Überheblichkeit des Menschen sein. Welche Funktion die Technik einnimmt, hängt wesentlich davon ab, wie der Mensch sie versteht – ob er sie unter Gottes Gegenwart stellt, als Gottesdienst versteht, oder ob er der faustischen Gefahr erliegt und Gott entthronen will.

Arbeitsanweisungen:
– „Technik heißt Gottesdienst": Verdeutlichen Sie, wie Lilje zu diesem Ergebnis kommt.

Kommentar

- Kennzeichnen Sie die Handlungsmöglichkeiten, die der Mensch nach Lilje gegenüber der Technik besitzt.
- (Für Schüler mit theologischen Vorkenntnissen): Bezieht der Lutheraner Lilje eine lutherische Position? Berücksichtigen Sie u. a. Luthers Sündenverständnis und die Zwei-Regimenter-Lehre.
- Nehmen Sie Stellung zur Position Liljes. Erörtern sie auch, inwieweit Lilje Kriterien zur Beurteilung der Technik liefert.

Ungefähre Ergebnisse:

1. Technik ist wie alle „echte", „im Ernst" durchgeführte Arbeit Fortsetzung des göttlichen Schöpfungswerkes und deshalb grundsätzlich positiv. Der Mensch erfüllt den Willen Gottes, indem er den Auftrag von Gen. 1,28 ausführt.
2. Der Mensch kann negative Folgen der Technik durch Vervollkommnung seiner persönlichen Einstellung ihr gegenüber verringern.
3. Indem Lilje das Ergebnis der Anwendung der Technik von der Einstellung des Menschen abhängig macht, schwächt er die Bedeutung der Erbsünde. Auch ignoriert er die Möglichkeiten, aus der Zwei-Regimenter-Lehre der Technik einen von weltlicher Eigengesetzlichkeit bestimmten Freiraum zuzugestehen.
4. Einige Fragen, die der Text aufwirft: Kann der Mensch Technik als Gottesdienst verstehen? Wie kann die „Verflechtung mit einer egoistischen Wirtschaft" durch Ausrichtung zu Gott aufgehoben werden? Werden die realen ökonomischen und technologischen Prozesse von Lilje nicht völlig ignoriert, dem Einzelnen eine kaum übersehbare Verantwortung aufgebürdet? Dennoch kann man als Verdienst Liljes ansehen, dass er von einer unkritischen Interpretation des menschlichen Herrschaftsverständnisses abgeht, die Ambivalenz des wissenschaftlich-technischen Fortschritts aufnimmt und versucht, Technik theologisch zu qualifizieren.

M 7: Hans-Rudolf Müller-Schwefe war zum Zeitpunkt der Texterstellung Professor für Praktische Theologie an der Universität Hamburg.

Arbeitsanweisungen:

- Vergleichen Sie, welche Schlussfolgerungen Lilje und Müller-Schwefe aus der Ambivalenz menschlicher Herrschaft über die Natur ziehen.
- Müller-Schwefe unterscheidet zwischen einem überholten und einem zeitgemäßen Verständnis der Beziehung von Mensch und Natur. Wie beurteilen Sie diese Differenzierung?

Ungefähre Ergebnisse:

1. Während für Lilje der Ertrag der Technik von der religiösen Haltung des Technikers abhängt, sind für Müller-Schwefe die negativen Folgen des menschlichen Tuns für die Natur unvermeidlich, aber akzeptabel, da dieses einerseits durch den göttlichen Herrschaftsauftrag legitimiert wird und andererseits die Natur am göttlichen Erlösungswerk teilnehmen wird.
2. M 9 wird verdeutlicht, dass in den siebziger Jahren das angeblich überholte Weltbild wieder modern geworden ist, hier also von einer Kontextabhängigkeit der theologischen Ethik zu sprechen ist.

M 8/M 9: Die beiden Texte des Hamburger Alttestamentlers Klaus Koch verdeutlichen erneut die Kontextabhängigkeit vieler Theologen.

Arbeitsanweisungen:

- Vergleichen Sie die beiden Texte.
- Welche Ursachen für die Unterschiede könnte es geben?
- Welche Konsequenzen sind aus der Wirkungsgeschichte von Gen. 1,28 für die aktuelle Rezeption biblischer Texte zu ziehen?

Ungefähre Ergebnisse:

1.

	1967	1983
Verhältnis Mensch – Natur:	Mensch soll die Natur für seine Zwecke umgestalten – und tut dies mit Erfolg.	Mensch hat Auftrag, für die Tiere und ihren Lebensraum zu sorgen, hat aber versagt.
Bedeutung des Verbs rdh:	Unterjochen, niedertreten	Beinhaltet die Sicherung der Nahrung für die Tiere.

2. Zwischen der Entstehung beider Texte wurde der Vorwurf von den „gnadenlosen Folgen des Christentums" (so ein viel diskutierter Buchtitel von Carl Amery aus dem Jahr 1972) erhoben, das die Zerstörung der Umwelt legitimiert und befördert habe. Im gleichen Jahr wurde der Bericht des Club of Rome über „Die Grenzen des Wachstums" veröffentlicht, der ein starkes Echo fand. Generell sind die 70er Jahre geprägt von einer verstärkten Bewusstwerdung der Gefährdung der Umwelt – was sich dann auch in der Theologie niedergeschlagen hat.
3. Erforderlich ist eine möglichst vorurteilsfreie Ermittlung der Ursprungssituation – und eine selbstkritische Reflexion der Kontextabhängigkeit aller Hermeneutik.

M 10: Der Cartoon, ein Jahr nach M 9 veröffentlicht, illustriert das ökologische Bewusstsein der 70er und 80er Jahre: Der Mensch hat sich gegenüber der Natur nicht als Mitgeschöpf, sondern als Zerstörer erwiesen – wie Kain gegenüber Abel.

M 11/M 12: Die Konfrontation der beiden Positionen soll zum Abschluss des ersten Arbeitsblattes den Bogen schlagen zu den Auseinandersetzungen um das dominium terrae in den 90er Jahren und einige grundlegende Fragen aufwerfen, die das Problembewusstsein für die Weiterarbeit schärfen sollen.
M 11 und M 12 thematisieren Probleme der Diskussion um den Herrschaftsauftrag des Menschen vor dem Hintergrund seines Eingreifens in die Evolution. Beide Texte konstatieren den menschlichen Eingriff in diesen Prozess und erörtern die Möglichkeit, diesen Vorgang unter Zuhilfenahme ethischer Kriterien zu steuern.
Dabei werden unterschiedliche Einschätzungen deutlich:
Während der Theologe und Biologe Günter Altner dem Menschen angesichts der Dominanz ökonomischer Interessen eine ethisch reflektierte Gestaltung dieser Entwicklung kaum zutraut, versucht die CDU-Arbeitsgruppe dieses Problem zu lösen. Das dominium terrae legitimiert dabei die Veränderung der Natur; ökonomische und politische Interessen werden deutlich formuliert, aber mit ethischen Kriterien verbunden. Offen bleibt die Frage, ob Ethik und Ökonomie sich so harmonisch vertragen und ob sich im Konflikt zwischen beiden, wie Altner behauptet, in der Regel die politisch-wirtschaftlichen Interessen durchsetzen.

Arbeitsanweisungen:
– Welche Funktion hat der Bezug auf Gen. 1,28 und 2,15 innerhalb des Textes der CDU? Wie beurteilen Sie diesen Verweis vor dem Hintergrund von Exegese und Wirkungsgeschichte des Textes?
– Vergleichen Sie die beiden Positionen im Hinblick auf die menschliche Gestaltungsfreiheit und die Rolle der Ethik.
– Wie beurteilen Sie den Zielkonflikt von Ethik und politisch-ökonomischen Interessen bei der Steuerung und Gestaltung der Evolution? Welche Rolle kann der Verweis auf das dominium terrae dabei einnehmen?

A 2

Dieses Arbeitsblatt soll zeigen, dass Visionäre bereits von der biologischen Vervollkommnung des Menschen und seiner künstlichen Herstellbarkeit träumten, als an die Realisierung dieser Vorstellungen noch lange nicht zu denken war. Dabei werden die menschlichen Ambitionen höchst unterschiedlich bewertet: Im fortschrittsgläubigen 18. Jahrhundert kann künstliche Erzeugung von Leben als logisches Ergebnis menschlichen Aufstiegs beurteilt werden, im 19. Jahrhundert bereits als Ausdruck menschlicher Hybris.

M 1: Der französische materialistische Philosoph la Mettrie (1709–1751) setzte den Gedanken von Descartes, dass Tiere Maschinen sind, fort und bezeichnete auch den Menschen als Maschine; sein geistiges Leben sei abhängig von körperlichen Faktoren. Damit rückt für la Mettrie auch die künstliche Produktion von Menschen in den Bereich des künftig Machbaren. Das von Descartes inspirierte mechanisch-materialistische Weltbild hatte auch den französischen Mechaniker Vaucanson beeinflusst, der eine gehende, schnatternde, fressende und verdauende Ente sowie einen Flötenspieler schuf, was seinerzeit großes Aufsehen erregte.

M 2: Die Golem-Legenden gehen auf Ps. 139,16 zurück: „Meinen Golem sahen deine Augen." Das seit dem 11. Jahrhundert nachweisbare Motiv wandelte sich im 15. und 16. Jahrhundert – der Golem wurde zum Diener des Menschen. Ob der Golem bloßer Handlanger ist oder zum Schutzgeist der Juden wird, der sie kraft seiner übermenschlichen Kräfte vor Ritualmorden schützt – in fast jedem Fall wird der Golem irgendwann zur Bedrohung für seinen Erschaffer, wodurch die Legenden Parallelen zu modernen Menschenschöpfungsmythen wie „Frankenstein" aufweisen.

M 3: Der 1818 von der damals zwanzigjährigen Engländerin Mary W. Shelley veröffentlichte Roman „Frankenstein oder der moderne Prometheus" wurde zum Vorbild für das Genre des neuzeitlichen Horrorromans und -films. Der u. a. von Spekulationen des Paracelsus in seiner Jugend beeinflusste junge Naturwissenschaftler Frankenstein setzt aus Menschenknochen einen riesigen Körper zusammen und verleiht ihm Leben. Dieses Wesen ist nicht an sich böse, wird es jedoch aufgrund der Umweltreaktionen und vernichtet die Verwandten seines Schöpfers sowie schließlich diesen selbst. Der Versuch, die göttliche Allmacht zu durchbrechen, erweist sich als unheilvoller Frevel und Hybris.

Arbeitsanweisungen:
– Beschreiben und erklären Sie die Gefühle Frankensteins bei der Erzeugung und Betrachtung seines Geschöpfes.
– Frankenstein und Prometheus: Wie ist die negative Bewertung bei der Aktualisierung des antiken Mythos zu erklären?

Kommentar

Ungefähre Ergebnisse:
1. Erstaunen; Freude; Entzücken; Stolz; Machtbewusstsein; Begeisterung; Ruhmsucht; Entdeckungsdrang, Realitätsverlust; Ekel; Furcht; Schrecken; Abscheu.
2. Im Wechsel zwischen Machbarkeitswahn und Abscheu zeigt Shelley das Faszinierende und die Hybris dieses Unterfangens.
3. In der Romantik tritt der ungebrochene Fortschrittsglaube zurück – stattdessen besteht ein starkes Interesse an den „Nachtseiten" des Menschen und dem Unbekannten jenseits des menschlichen Erfahrungsbereichs.

M 4: Der Cartoon zeigt die Bedeutung, die der Frankenstein-Mythos zur Veranschaulichung der Problematik aktueller Entwicklungen genommen hat. Das Produkt des Frankensteinschen Experiments erscheint hier als unkontrollierbare Fortsetzung Schrecken erregender Versuche menschliches Leben neu zu gestalten. (vgl. A 14)

M 5: Die spätantike Vorstellung, Miniaturmenschen könnten chemisch erzeugt werden, fand besonders im ausgehenden Mittelalter weite Verbreitung. Für Alchemisten wie Paracelsus, auf den der Begriff Homunculus zurückgeht, hatte die Erschaffung des Menschen die gleiche Bedeutung wie die Suche nach dem Stein der Weisen. Goethe hatte großes Interesse an der Homunculusidee des Paracelsus, die sich gut in seine vitalistische Naturphilosophie einordnen ließ. Einige Argumente für die künstliche Fortpflanzung muten ausgesprochen modern an.

Arbeitsanweisung:
– Welche Gründe werden von Wagner für die künstliche Reproduktion genannt?

Ungefähre Ergebnisse:
1. Menschliche Fortpflanzung muss sich von tierischer unterscheiden.
2. Geheimnisse der Natur werden gelüftet – Mensch übernimmt Rolle der Natur.
3. Ausschaltung des Zufalls
4. Verbesserung des Menschen

M 6: Zur Interpretation dieser Science-fiction-Erzählung ist zunächst die Textstruktur herauszuarbeiten: Die in beiden Teilen geschilderten Situationen unterscheiden sich zwar z. B. hinsichtlich des Verständnisses von Tag und Nacht, dem Inhalt der Arbeit und den Visionen der Arbeitenden – aber gemeinsam ist das gleiche Unterdrückungssystem: Der Mensch hat die Herrschaft an die Roboter verloren, die ihrerseits nur Sinnlosigkeit produzieren können.

Arbeitsanweisung:
– Vergleichen Sie die Erzählung mit M 1 und M 3 und erläutern Sie Gemeinsamkeiten und Unterschiede.

Ungefähre Ergebnisse:
In M 1 ist die künstliche Menschenerzeugung reale Vision, da die Schaffung von Mensch und Maschine nur graduelle Probleme der menschlichen Technikbeherrschung aufwirft. In M 6 verliert der Mensch infolge der Beherrschung durch sein Produkt wesentliche Aspekte seines Menschseins – z. B. Kreativität und die Fähigkeit zur Gestaltung seiner Umwelt.

A 3

Mit diesem Arbeitsblatt soll den Schülern verdeutlicht werden, dass eugenisches Gedankengut keine Erfindung der Neuzeit ist, aber erst seit dem 19. Jahrhundert durch neue wissenschaftliche Erkenntnisse in den Bereich des anscheinend Realisierbaren gerückt ist.

M 1: Der Text ist ein Auszug aus dem philosophischen Dialog „Der Staat", in dem Platon (427–347 v. Chr.) das Problem der Gerechtigkeit an einem idealen Staatsmodell veranschaulicht. Der Aufbau dieses Staates ist ständisch – die Elite der Herrscher und Wächter regiert den körperlich arbeitenden dritten Stand mit philosophischer Weisheit. Der hierarchische Aufbau wird auch in diesem Auszug deutlich: Die oberen Stände organisieren die Quantität und die Qualität der Fortpflanzung – Ziel und Wesen dieses Prozesses bleibt der Masse verborgen. Indem Platon die Eugenik als wichtige Staatsaufgabe definierte, wurde er zu einem ihrer ersten und einflussreichsten Wegbereiter.

Arbeitsanweisungen:
– Charakterisieren Sie das Herrschaftssystem und das Verhältnis von Individuum und Gesellschaft im „Staat".
– Kennzeichnen Sie die vorgeschlagenen eugenischen Maßnahmen und differenzieren Sie zwischen positiver und negativer Eugenik.
– Informieren Sie sich über positive Eugenik im Nationalsozialismus. Kann man Platon als Wegbereiter dieser Maßnahmen kritisieren?

Ungefähre Ergebnisse:
1. Die Elite definiert, wer die „Besten" sind, und entscheidet über die Qualität und Quantität der Fortpflanzung. Sowohl das Belohnungssystem für die Tüchtigen wie die Verhinderung der Reproduktion der Schwachen dient dem Wohl der Gemeinschaft, dem das Individuum sich unterzuordnen hat.

Kommentar

2. Positive Eugenik: Förderung der Fortpflanzung der Besten – durch manipuliertes Losverfahren und andere Maßnahmen zur Stimulierung von deren Fortpflanzung; durch staatliche Versorgung der Kinder; durch Kontrolle des optimalen Zeugungsalters. Negative Eugenik: Verhinderung der Fortpflanzung und Versorgung der „Schwachen".
3. Einerseits lassen sich auffällige Gemeinsamkeiten zwischen der eugenischen Ausrichtung des „Staates" und der NS-Politik anführen – etwa das Auswahlverfahren und die staatlich organisierte Versorgung der Kinder. Andererseits: Ist ein Mensch mitverantwortlich zu machen, wenn seine Ideen in einem ganz anderen gesellschaftlichen Kontext als dem geforderten realisiert werden, wenn aus der Vision Realität wird?

M 2: Die begriffliche Klärung ist eine notwendige Voraussetzung für die Erfassung und Differenzierung der Eugenik in Geschichte und Gegenwart.

M 3:

Arbeitsanweisungen:
– Kennzeichnen Sie die zentralen Elemente von Darwins Abstammungslehre.
– Beschreiben Sie die Funktion der Begriffe Zivilisation – Wildheit – Haustierzucht in der Argumentation Darwins.
– Skizzieren Sie die Folgen einer konsequenten Umsetzung der Gedanken Darwins in politische Praxis.

Ungefähre Ergebnisse:
1. In seinem Werk „The origin of species" (1859) hatte Darwin die Theorie entwickelt, dass ständig Individuen mit verschiedenen Merkmalen entstehen und eine „natürliche Auslese" durch Umweltbedingungen stattfindet.
2. 1871 übertrug Darwin seine Erkenntnisse in einem Umkehrschluss auf die Menschen. Ausgehend von der Voraussetzung, dass natürliche Selektion Fortschritt bedeutet, schloss er, dass deren Ausbleiben Rückschritt und Degeneration zur Folge hat. Wildheit und Haustierzucht fungieren als positive Begriffe gegenüber der Zivilisation, in der es weder eine natürliche noch eine geplante Auslese der „Tüchtigsten" gibt.
3. Einige Stichworte: Verhinderung der Fortpflanzung „schädlicher" Erbträger; ein entsprechendes staatliches Kontroll- und Sanktionsinstrumentarium; Ausschaltung christlich-ethisch geprägter Wertvorstellungen.

M 4: Das Schaubild verdeutlicht das Schönheitsideal auch vieler Eugeniker. Die gezielte Förderung des Phänotyps sollte die primär auf den Genotyp zielenden Maßnahmen unterstützen. Fast alle deutschen Eugeniker vor der NS-Zeit vertraten lebensreformerische Vorstellungen wie die Freikörperkultur, lehnten Alkohol und Nikotin ab und standen rassistischen und völkisch-nationalen Kreisen nahe.

M 5: Die von drei der führenden deutschen Eugeniker – Eugen Fischer, Fritz Lenz und Hermann Muckermann – formulierten Leitsätze markieren am Vorabend des Nationalsozialismus den Übergang der Eugenik von politischen Polemiken und Postulaten zu einer pragmatischen Programmatik. Ausdruck der zunehmenden gesellschaftlichen Akzeptanz eugenischen Gedankenguts während der Weimarer Republik war die Gründung des Kaiser Wilhelm Instituts für Anthropologie, menschliche Erblehre und Eugenik im Jahr 1927; Fischer und Muckermann gehörten zum Direktorium.

Arbeitsanweisungen:
– Vergleichen Sie den Text mit M 1 und benennen Sie Gemeinsamkeiten und Unterschiede.
– Skizzieren Sie die Methoden, die die Autoren fordern. Verdeutlichen Sie, inwieweit diese auf die Bedingungen eines Rechtsstaates hin formuliert worden sind, und wo Möglichkeiten einer Radikalisierung unter einer Diktatur angelegt sind.

Ungefähre Ergebnisse:

1 a) Unterschiede zwischen M 1 und M 5:

Platon
– Durchbrechen des traditionellen Familien- und Monogamieverständnisses,
– Maßnahmen erfordern autoritär-hierarchischen Staat,
– Geheimhaltung der Aktivitäten der Führung

Leitsätze
– Beibehaltung der Familie als Ort der genetischen Vervollkommnung,
– Maßnahmen sollen in Demokratie realisiert werden können,
– Offenlegung der erforderlichen Aktivitäten

1 b) Gemeinsamkeiten:
Der Staat muss Verantwortung für Quantität und Qualität der Fortpflanzung übernehmen, sonst droht Niedergang des Gemeinwesens.

2. In M 5 vorgeschlagene Methoden:
– finanzielle Anreize, insbesondere für Gutverdienende (6) und die Bauern (8),
– freiwillige Sterilisation (11),
– Beratung (10),
– eugenisch ausgerichtete Wohlfahrtspolitik (12),
– Erziehung und Ausbildung (13),

Kommentar

– Radikalisierungsmöglichkeiten: Aus freiwilliger Sterilisation kann Zwangssterilisation werden; die Ratschläge der Berater können verpflichtend gemacht werden; die radikalste eugenische Wohlfahrtspolitik gegenüber den „hoffnungslos erblich Belasteten" ist unter finanziellem Aspekt deren Tötung; konsequente eugenisch orientierte Erziehung und Ausbildung bedeutet das Verbot aller dazu konträren oder kritischen Auffassungen.

M 6: Bereits vor dem Eugenik-Kongress von 1932 hatten zahlreiche Autoren das Verständnis der Eugenik als Integrationswissenschaft entwickelt, die die Erkenntnisse zahlreicher anderer Wissenschaften verarbeitet.

Arbeitsanweisung:
– Verdeutlichen Sie an dem Schaubild Aspekte des Selbstverständnisses der Eugenik.

Ungefähre Ergebnisse:
– Eugenik ist eine anwendungsorientierte Wissenschaft. Sie ermöglicht die Selbststeuerung der menschlichen Entwicklung, indem sie die Erkenntnisse der Einzelwissenschaften zum Nutzen der Allgemeinheit aufnimmt, weiterentwickelt und so eine immer „vollkommener" werdende Bevölkerung schafft.

M 7: Die Entschließung des Preußischen Staatsrats – Präsident war zu dem Zeitpunkt Konrad Adenauer – verdeutlicht, dass besonders zum Ende der Weimarer Republik unter dem Einfluss der gesellschaftlichen Krise Konzepte eugenisch ausgerichteter Bevölkerungsregulierung allgemein akzeptiert wurden.

A 4

Das Arbeitsblatt soll über die Bedeutung der Eugenik für den Nationalsozialismus informieren. Die besonders folgenreiche negative Eugenik, die Hitler bereits 1926 gefordert hatte (M 1) und die sich u. a. in der Sterilisationspraxis (vgl. A 5) und der so genannten „Euthanasie" (A 18) niedergeschlagen hatte, wurde realisiert vor dem Hintergrund der subjektiven Überzeugung vieler NS-Führer, den Auftrag und die wissenschaftlich begründete Möglichkeit zu haben, durch positive Eugenik einen edleren, wertvollen Menschen zu schaffen. Vorher war bereits die Vorstellung entstanden, dass „minderwertiges" Leben kein Existenzrecht hat und beseitigt werden muss. (Vgl. A 16, M 3)

M 1: Hitler nahm die wesentlichen Gedanken der Eugenik auf und radikalisierte sie, indem er sie mit der Forderung nach Rassenreinheit, der so genannten Rassenhygiene, verband und das daraus resultierende Programm zur Kernaufgabe des „völkischen" Staates erhob.

Arbeitsanweisungen:
– Welche Aufgabe hat der Staat bei der Durchsetzung von Eugenik und Rassenhygiene, welche das Individuum?
– Kennzeichnen Sie die verschiedenen Bereiche der Forderungen Hitlers.
– Untersuchen Sie, inwieweit die Ausführungen Hitlers heute verfassungskonform wären. (Vgl. insbesondere Art. 1–3, 6 GG)

Ungefähre Ergebnisse:
1. Der nur der deutscharischen Bevölkerung verpflichtete Staat sorgt für die Quantität und Qualität des Nachwuchses und wahrt damit die langfristigen Interessen von Staat und Volk. Das Individuum realisiert im individuellen Fortpflanzungsverhalten die staatlichen Wertungen und Anweisungen.
2. Rassenpolitische Forderungen, z. B.: Der Staat hat für die Reinerhaltung von Blut und Rasse zu sorgen; bevölkerungspolitische Forderungen, z. B.: Die Kinderzahl soll durch finanzielle Förderung gehoben werden; eugenische Forderungen, z. B.: Der Staat muss die Geburten missgestalteter Kinder verhindern; moralische Forderungen, z. B.: Eugenisch-rassenhygienische Verpflichtungen sind als zentrale Leitlinien im allgemeinen Wertsystem zu verankern.
3. U. a.: Die Durchsetzung der Reinerhaltung der Rasse ist unvereinbar mit der Menschenwürde der für fremdrassig Angesehenen (Art. 1) und widerspricht dem Diskriminierungsverbot (Art. 3). Zwangssterilisierung ist unvereinbar mit dem Recht auf freie Entfaltung und körperliche Unversehrtheit (Art. 2). Die Reglementierung der Heiratserlaubnisse nach eugenischen und rassenhygienischen Gesichtspunkten widerspricht dem Recht auf freie Entfaltung und dem Schutz der Ehe. (Art. 2, 6)

M 2: Der Nationalsozialismus fügte der Eugenik/Rassenhygiene zwar keine neuen Gedanken hinzu, setzte deren Programmatik jedoch in bisher einmaliger Konsequenz um. Dabei stand im Mittelpunkt der Propaganda die positive, in der Praxis die negative Eugenik.

Arbeitsanweisung:
– Das „Gesetz zur Verhütung erbkranken Nachwuchses" galt jahrzehntelang nicht als NS-Unrecht, die Betroffenen werden erst seit 1989 mit geringen Summen entschädigt. Wie erklären und beurteilen Sie diesen Sachverhalt?

Ungefähre Ergebnisse:
– Behinderte wurden weiterhin als minderwertig angesehen; das Gesetz wurde vielfach als legitim und wünschenswert angesehen; die NS-Taten waren hier durch Gesetz gedeckt (legalistisches Denken); die realen historischen Umstände bei der Durchsetzung des Gesetzes wurden nicht berücksichtigt.

M 3/M 4: Mit ausgefeilten Manipulationsmethoden versuchte die NS-Führung die Deutschen von der Notwendigkeit einer eugenisch ausgerichteten Bevölkerungspolitik zu überzeugen.
M 3 konfrontiert das Ziel der positiven Eugenik – den neuen Menschen – mit dem der negativen Eugenik – der Notwendigkeit, die Fortpflanzung „Minderwertiger" zu verhindern.

M 5: Zentrale Begriffe Darwins – Kampf ums Dasein, Auslese (Überleben) der Stärksten – werden verbunden mit politischen Forderungen und Konsequenzen (Ausmerzen der Minderwertigen), die Darwin fern lagen. Ergänzt werden diese Anlehnungen an Darwin mit Warnungen vor einer Rassenvermischung, die gleichfalls in den Rang axiomatischer Naturgesetze erhoben werden, um die nationalsozialistische Politik als notwendige Konsequenz wissenschaftlicher Erkenntnisse erscheinen zu lassen.

M 6:
Arbeitsanweisungen:
– Skizzieren Sie die Bedeutung und Problematik der positiven Eugenik für die nationalsozialistische Weltanschauung.
– Projekt: Vergleichen Sie das nationalsozialistische Schönheitsideal mit heutigen Idealvorstellungen durch Heranziehung geeigneten Bildmaterials.

Ungefähre Ergebnisse:
Bedeutung:
– Mittel zur Herausbildung einer rassischen Elite
– Fungiert als Ziel, Vision, Religionsersatz
– Legitimiert den eigenen elitären Status (s. SS-Orden) und den Auftrag von Partei und völkischem Staat

Problematik:
– Unmöglichkeit der Realisierung des Ideals mit den zur Verfügung stehenden Mitteln
– Konfrontation von Propaganda und Realität, z. B. durch Witze

A 5

Das Arbeitsblatt soll verdeutlichen, warum es der evangelischen Kirche nicht gelang, eine entschiedene Haltung gegenüber dem genuin antichristlichen Eugenik-Programm der Nationalsozialisten zu finden. Besonders in der Diakonie verbreitete sich unter dem Einfluss der Weltwirtschaftskrise eugenisches Gedankengut, das man nun mit zentralen christlichen Begriffen zu verbinden suchte. Aber es soll hier auch deutlich werden, an welcher Stelle für die evangelische Theologie eine rückhaltlose Zustimmung zur NS-Politik nicht mehr möglich war.

M 1: Die Fachkonferenz für Eugenik war auf Beschluss des Centralausschusses für Innere Mission gebildet worden. Ihr gehörten u. a. 16 leitende Ärzte und Direktoren evangelischer Anstalten für Epileptiker, Geisteskranke und Schwachsinnige an.

Arbeitsanweisungen:
– Welche Forderungen und Bewertungen der Eugenik nimmt der Ausschuss auf?
– Verdeutlichen und kommentieren Sie den Stellenwert theologischer Begriffe im Kontext der Argumentation.
– Wie wird Behinderung von den Autoren theologisch bewertet? Exkurs: Informieren Sie sich über die Vorgeschichte dieses Verständnisses in Nachschlagewerken und durch Erarbeitung biblischer Texte, z. B. 2. Sam. 5,8; Mt. 9,22; Joh. 9,1–3. (Literaturhinweis: U. Bach, Boden unter den Füßen hat keiner. Plädoyer für eine solidarische Diakonie, Göttingen 1980).

Ungefähre Ergebnisse:
1. Einige Stichworte: Differenzielle Geburtsrate zwischen „Leistungsfähigen" und Nicht-Leistungsfähigen; Herstellung des Zusammenhangs zwischen künftiger Leistungsfähigkeit und finanziellem Aufwand bei der Anstaltsunterbringung; Verhinderung der Fortpflanzung erblich Belasteter; Legitimierung der eugenisch begründeten Sterilisierung.
2. Geschöpflichkeit des Menschen: Daraus resultiert für die Verfasser die menschliche Verantwortung auch für den Körper. Wenn Fortpflanzung sich negativ auswirkt, darf die Sterilisierung zum Wohl der Allgemeinheit durchgeführt werden, nicht aber aus egoistischen Gründen zur Geburtenregelung. Nächstenliebe: Sie eröffnet – im Gegensatz zur Geschöpflichkeit – auch die Möglichkeit zur Intervention gegen die subjektiven Interessen der Betroffenen: Die Sorge um das Wohl künftiger Generationen, auf die die Nächstenliebe hier ausgedehnt wird, kann Sterilisation zur „sittlichen Pflicht" machen.
3. Der hier knappe Hinweis auf den Zusammenhang von Sünde und Behinderung könnte den Anlass geben, sich mit dem Hintergrund dieses Verständnisses zu befassen.

Kommentar

M 2: Nach dem In-Kraft-Treten des Gesetzes zur Verhütung erbkranken Nachwuchses am 1. 1. 1934 (vgl. A 4, M 2), sahen sich die diakonischen Einrichtungen, denen der Staat einen großen Teil der Umsetzung übertragen hatte, zahlreichen praktischen Problemen gegenüber. Deshalb veröffentlichte Hans Harmsen, der Geschäftsführer des Gesamtverbandes der deutschen evangelischen Kranken- und Pflegeanstalten, 1934 eine Textsammlung, in der u. a. die pädagogischen, seelsorgerlichen und fürsorgerischen Probleme im Gefolge des Gesetzes erörtert wurden.

Arbeitsanweisungen:
– Welche Aufgabe weist Lukas den Kirchen und der Diakonie zu?
– Skizzieren und kommentieren Sie die Kriterien, die nach Lukas bei der Bewertung von Menschen herangezogen werden sollten.
– Sollten die Mitarbeiter der Diakonie die zu Sterilisierenden dazu veranlassen, das Gesetz mit religiöser Begründung zu akzeptieren?

Ungefähre Ergebnisse:
1. Gegenüber der Öffentlichkeit: Verhinderung sozialer Ausgrenzung der Sterilisierten; Verkündigung christlicher Maßstäbe, um einer Reduzierung des menschlichen Wertes auf biologische Faktoren entgegenzuwirken. Gegenüber den Sterilisierten: ehrfurchtsvoller Umgang; Begleitung bei der psychischen Verarbeitung; Verdeutlichung des religiösen Sinnes der Sterilisation.
2. Zwar grenzt sich Lukas von biologischen Klassifizierungen bei der Bewertung des Menschen ab, doch verbleiben ihre Auffassungen im zeitgenössischen Bewertungsdenken, wenn sie den Wert des Menschen von seiner Gesamthaltung abhängig macht. Mit dieser Begründung konnte die Verhinderung der „Euthanasie" bei Schwerstbehinderten kaum gerechtfertigt werden. Andererseits wird durch den Verweis auf Jesus und das Evangelium verdeutlicht, dass es vor Gott keinen Zusammenhang von Wert und Leistung gibt.
3. Der Text verdeutlicht die Aporie der Diakonie im totalitären Staat: Indem der Staat die Diakonie für seine Zwecke instrumentalisiert und die leitenden Gremien diese Aufgabe dankbar aufnehmen, ist der Handlungsspielraum der Mitarbeiter minimal. Wenn nicht mehr die objektive Seite – also die Sterilisation – zur Disposition steht, sondern nur noch die Arbeit an der subjektiven Verarbeitung dieses Eingriffs, erscheint das geschilderte Vorgehen nachvollziehbar. Andererseits setzt sich die Kirche so erneut dem Vorwurf aus, inhumane Verhältnisse religiös zu verklären und Menschen auf das Jenseits zu vertrösten.

M 3: Am 16. 3. 1934 ordnete erstmals in Deutschland ein Gericht – das Hamburger Erbgesundheitsgericht – einen Schwangerschaftsabbruch aus eugenischen Gründen an.
Am 17. 10. 1934 erklärte das gleiche Gericht, dass jeder Arzt zur Unterbrechung der Schwangerschaft berechtigt ist, wenn ein Elternteil durch Beschluss eines Erbgesundheitsgerichts für erbkrank erklärt worden ist und die Schwangere mit der Unterbrechung einverstanden ist. Am 26. 5. 1935 schließlich wurde durch Änderung des Gesetzes zur Verhütung erbkranken Nachwuchses der Schwangerschaftsabbruch bei erbkranken Frauen legalisiert. Das Schreiben des Centralausschusses wendet sich gegen die Hamburger Urteile und entsprechende politische Tendenzen.

An dem Text ist dreierlei bemerkenswert:
– Die positive Einstellung der Inneren Mission zur Zwangssterilisation,
– die Bestätigung der praktischen Unterstützung bei der Durchführung,
– die Grenze der Zustimmung, die bei der eugenisch motivierten Tötung von Leben erreicht war. In der Logik der NS-Politik lag dann das „Euthanasie"-Programm, bei dem sich auch verschiedene Anstaltsleiter zu widersetzen suchten (vgl. A 17).

M 4: Ähnlich wie der Staat arbeitete auch die evangelische Kirche lange nicht die eigene Rolle bei der Durchsetzung des Zwangssterilisationsprogramms auf. Erst in den Jahren 1985/86 verabschiedeten die Synoden der Evangelischen Kirchen im Rheinland und in Westfalen eine gleich lautende Erklärung zu „Zwangssterilisation, Vernichtung so genannten lebensunwerten Lebens und medizinischen Versuchen an Menschen unter dem Nationalsozialismus".

Arbeitsanweisungen:
– Vergleichen Sie das christliche mit dem eugenischen Menschenbild. Sind beide miteinander vereinbar?
– Warum konnten die evangelischen Kirchen eine derartige Position nicht bereits zum Beginn der 30er Jahre beziehen?

Ungefähre Ergebnisse:
1. Eugenisches und christliches Gedankengut dürften unvereinbar sein, da für die Eugeniker im Zentrum die biologisch determinierte Funktion des Individuums für das Volk steht, während der Christ den Menschen unabhängig von seiner Leistung als individuelles Geschöpf Gottes ansieht.
2. Da die Schüler in der Regel nicht über die erforderlichen Kenntnisse verfügen werden, wäre zur

Beantwortung ein Lehrervortrag sinnvoll, der folgende Aspekte enthalten könnte:
- Große Teile der deutschen Protestanten stimmten mit zentralen Positionen der deutschen Rechten überein – und zu dieser Ideologie gehörte wesentlich die Eugenik.
- Der deutsche Protestantismus hatte sich überwiegend nicht mit der Demokratie Weimarer Prägung anfreunden können und betonte das Recht der Gemeinschaft gegenüber dem Recht des Individuums.
- Begriffe wie Volk, Staat und auch Rasse hatten daher Priorität gegenüber der Entfaltung individueller Freiheitsrechte.
- Begünstigt wurde dieses Verständnis durch eine Theologie der Schöpfungsordnungen, in der auch diese Größen als gottgewollt integriert wurden.
- Es bestanden lange erhebliche Illusionen hinsichtlich der Ziele der NSDAP. Die Funktion der Zwangssterilisierung innerhalb des nordisch-arischen Rassenverständnisses wurde vielfach ebenso wenig erkannt wie der Zusammenhang von Zwangssterilisation und späterer Euthanasie.
- Der ökonomische Druck durch die Krise und die allmählich dominierende sozialdarwinistische Interpretation der Realität brachte die Lobby der Ausgegrenzten in die Defensive und begünstigte ein Anpassungsverhalten.

Letztlich wirft die Rolle der Kirche bei der Zwangssterilisation die Frage nach der Abhängigkeit der Theologie vom herrschenden Zeitgeist auf.

A 6

Im Mittelpunkt des Arbeitsblattes steht die päpstliche Enzyklika Casti Conubii (M 2), mit der für die katholische Kirche die Haltung zur Eugenik verbindlich festgelegt wurde. M 1 zeigt, dass es zuvor durchaus gewichtige Befürworter für die Eugenik auch in der katholischen Kirche gegeben hat, während M 3 veranschaulicht, dass es auch nach der offiziellen Beendigung der Debatte unter dem Eindruck der Zeitverhältnisse noch einige gegenläufige Stimmen gab.

M 1: Joseph Mayer wurde 1927 im Erscheinungsjahr des Textes vom Deutschen Caritasverband die Hauptschriftleitung des Verbandsorgans „Caritas, Zeitschrift für Caritaswissenschaft und Caritasarbeit" übertragen. Für sein Buch erhielt er die erforderliche kirchliche Druckerlaubnis. Von 1930 bis 1945 war er Hochschullehrer in Paderborn.

Der Text weist typische Merkmale eugenischen Denkens auf. Geistig behinderte Kinder werden als „minderwertig" angesehen; durch deren wachsende Zahl wird der genetische Bestand des Gemeinwesens bedroht; deshalb hat dieses das Recht, zur Selbstverteidigung die Fortpflanzung der „Minderwertigen" zu verhindern. Eher typisch für die zeitgenössische christliche bzw. hier katholische Variante eugenischen Denkens ist die Betonung des Zusammenhangs von erblicher Geisteskrankheit und Volksmoral; hier sind Grundzüge christlicher Sexualmoral wirksam geworden.

Ein Element der traditionellen katholischen Sozialethik ist der Verweis auf das sittlich Gute, das mit gutem Willen angestrebt wird. Diese wie auch andere hier formulierte Bedingungen für die Legitimität der eugenisch begründeten Sterilisation wirken wenig restriktiv. So wird die Forderung, der Schutz der Gesellschaft müsse tatsächlich erreicht werden, dadurch konterkariert, dass der Verfasser darauf verweist, dass „schon die Sterilisierung verhältnismäßig weniger ... mit erblicher Geisteskrankheit behafteter Personen ... für das Gemeinwesen nicht bedeutungslos wäre" und auch ein „wirksames Einspruchs- und Beschwerderecht der betroffenen Patienten oder ihrer Vormünder" war wohl schon 1927 eher ein theoretisches Postulat.

M 2: Im Gegensatz zu Mayer und anderen eugenisch beeinflussten Autoren, die das individuelle Interesse nach körperlicher Unversehrtheit den Wünschen der Allgemeinheit unterordnen, beharrt die Enzyklika auf traditionellen Positionen der katholischen Soziallehre. Im ersten Absatz werden die kritisierten Positionen pointiert dargestellt und diese anschließend widerlegt.

Arbeitsanweisung:
- Mit welchen Argumenten entgegnet die Enzyklika den Befürwortern der Eugenik?

Ungefähre Ergebnisse:
1. Die Familie ist heiliger als der Staat.
2. Die Menschen sind primär für ihr ewiges und nicht für ihr zeitliches Heil geschaffen worden.
3. Weder das Gemeinwesen noch das Individuum hat das Recht, die natürliche Fortpflanzung zu verhindern.
4. Diese von der christlichen Lehre festgestellte Wahrheit wird auch durch die menschliche Vernunft bestätigt.

M 3: Die Ausführungen von Prof. Franz Keller, dem Herausgeber des Jahrbuches der Caritaswissenschaft, verdeutlichen, dass auch nach der Veröffentlichung der bindenden Enzyklika eugenisches Denken in der

Kommentar

katholischen Kirche noch wirksam war. Der Text enthält zahlreiche Elemente eugenischen Denkens, die der Enzyklika entgegenstehen: So die Betonung der Gefahr, dass die Sorge für die „Lebensunfähigen" zu Lasten der „Lebenstüchtigen" geht; die Orientierung der Caritasarbeit an den Interessen der Allgemeinheit; Caritas als Dienst der „Rassenhygiene" und der „Aufartung" des Volkes, die hier noch im Kontext der Ausbreitung des Wortes Gottes auf Erden gesehen wird.

A 7

Das Arbeitsblatt soll verdeutlichen, dass der Traum von der biologischen Verbesserbarkeit des Menschen mit dem Ende des Nationalsozialismus nicht ausgeträumt war. Allerdings versuchten die vorwiegend aus dem angelsächsischen Raum stammenden Wissenschaftler eugenisches Gedankengut mit den Erfordernissen einer demokratischen, pluralen Gesellschaft zu verbinden, etwa indem sie zunehmend die individuelle Entscheidungsfreiheit der Eltern propagierten.

M 1: Der Cartoonist macht sich über die Vorstellung lustig, technischer Fortschritt bedeute automatisch eine Höherentwicklung des Menschen. Auch wenn es hier eher um die Kritik an medialen Einflüssen geht, wird damit auch die unhinterfragte Annahme der Eugenik getroffen, dass menschliche Eingriffe und Innovationen eine höhere Entwicklungsstufe des Menschen zur Folge haben.

M 2–M 7: 1962 lud der Schweizer Pharmakonzern Ciba-Geigy führende Wissenschaftler nach London ein, damit sie im Symposion „Man and his Future" über die Zukunft der Menschheit diskutierten. Die Ergebnisse der Veranstaltung erregten internationales Aufsehen und lösten lebhafte Diskussionen und auch Proteste aus. An der Debatte über Sinn und Nutzen der Eugenik, einem Thema dieser Tagung, beteiligten sich folgende Wissenschaftler, aus deren Beiträgen M 2–M 6 entnommen sind.
Herman J. Muller, Genetiker und Wegbereiter der Eugenik, Medizin-Nobelpreis 1946; Sir Julian Huxley, Biologe und Schriftsteller; Francis H. C. Crick, Molekularbiologie, Mitentdecker der DNS, Medizin-Nobelpreis 1962; Donald M. MacKay, Physiker und Informatiker; Joshua Lederberg, Genetiker und Biologe, Medizin-Nobelpreis 1958; J. Bronowski, Experte für Energiefragen; Alex Comfort, Biologe.

Arbeitsfragen zu M 2–M 7
(Partner- oder Gruppenarbeit):
– Welche Argumente werden für, welche gegen die Eugenik angeführt? Wo werden Problemanzeigen formuliert?
– Wo nehmen die Befürworter der Eugenik traditionelle Elemente zur Begründung der Eugenik auf, wo wird diese mit neuzeitlichen Herausforderungen begründet?
– Wie beurteilen Sie die verschiedenen Argumente im Hinblick auf die Realisierung eugenischen Gedankenguts in einer demokratischen, pluralistischen Gesellschaft?

Ungefähre Ergebnisse:
<u>Pro-Argumente:</u>
a) Traditionelle Elemente
  – Differenzielle Geburtsrate (Muller)
  – Notwendigkeit der Elitenförderung durch gentechnische Einflussnahme (Muller)
  – Kritik an den Folgen der Zivilisation (Muller, Huxley)
  – Verminderung von Leid und Qual (Huxley)
  – Steigerung von Intelligenz und Lebensfreude (Huxley)
b) Moderne Aspekte
  – Notwendigkeit der Eugenik für die Anforderungen in einer Demokratie (Muller) bzw. zur Verhinderung der den Menschen bedrohenden Katastrophen (Huxley)
  – Durchsetzung der Eugenik mit Hilfe der individuellen Wunschvorstellungen der Eltern (Muller)
  – Offenheit, Freiwilligkeit und Herstellung allgemeiner Akzeptanz bei der Realisierung (Muller)
  – Vielfalt der angestrebten positiven Anlagen (Muller)
  – Mensch als Sachwalter des kosmischen Fortschritts (Huxley)

<u>Kontra-Argumente:</u>
– Unklare Begrifflichkeit der Eugeniker (MacKay)
– Fragwürdige NS-Analogie (MacKay)
– Unplanbarkeit menschlicher Entwicklung (MacKay)
– Fehlende Kriterien und kein einheitliches Verständnis bei der Zielbestimmung (MacKay, Bronowski) und den Mitteln (Bronowski)
– Weder durch Sterilisierung noch Vermehrung der Tüchtigen wird die Anzahl rezessiver Gene entscheidend beeinflusst (Bronowski)
– Kein Beweis für Verschlechterung menschlichen Genbestandes (Bronowski)

<u>Problemanzeigen:</u>
– Verhältnis von gesellschaftlichem Einfluss und individueller Freiheit bei Fortpflanzung (Crick)
– Auswahlkriterien bei Samenspende (Crick, Bronowski)

Kommentar

A 8

Das Arbeitsblatt soll in die Debatte um die pränatale (vorgeburtliche) Diagnostik einführen, die Kritiker als neue Eugenik bezeichnen. Diese Kritik wird besonders heftig von Feministinnen (vgl. M 3/M 6) und Behinderten (vgl. M 4/M 5) vorgetragen, kommt aber auch aus dem kirchlichen Bereich (M 7/M 9). Andere Stellungnahmen sollen verdeutlichen, dass diese kritischen Bewertungen nicht unwidersprochen geblieben sind.

M 1: Der Cartoon kritisiert die Zukunft der Pränataldiagnostik – bereits völlig „normale" potenzielle Kinder werden vernichtet, wenn sie den Erwartungen der Eltern nicht exakt entsprechen. Die Pränataldiagnostik, die ihre moralische Legitimation dadurch erhalten hatte, dass durch sie schwerwiegende Behinderungen und Krankheiten frühzeitig erkannt werden konnten, ist zur ohnmächtigen Betrachterin einer absurden Anspruchshaltung geworden. Im Unterrichtsgespräch sollte das ethische Problem herausgearbeitet werden: Führt die Zunahme an Erkenntnis über das werdende Leben zu einer veränderten Einstellung diesem gegenüber? Wie sind die Folgen zu beurteilen?

M 2: Die Kenntnis der Methoden der pränatalen Diagnostik ist eine notwendige Voraussetzung zur Beurteilung der daraus resultierenden ethischen Probleme. Einige können bereits auf Basis dieses Textes angesprochen werden: Welche Folgen hat es für das Verhältnis der Schwangeren zu dem werdenden Kind, wenn sie über vier Monate lang nicht sicher weiß, ob sie das Kind austragen wird? Nach welchen Kriterien sollen Eltern entscheiden, ob sie im Fall einer Behinderung die Austragung des Kindes wünschen? Wie präzise können hier Voraussagen sein?

M 3: Die in der Behinderten- und Frauenbewegung aktive Sozialwissenschaftlerin Anne Waldschmidt wendet sich nachdrücklich gegen die Pränataldiagnostik, die sie für wirkungsvoller hält als die NS-Eugenik.

Arbeitsanweisung:
– Worin bestehen für Waldschmidt Gemeinsamkeiten, worin Unterschiede zwischen Pränataldiagnostik und traditioneller Eugenik?

Ungefähre Ergebnisse:
1. Beides ist für sie Eugenik – Selektion nach qualitativen Gesichtspunkten.
2. Die wichtigsten Unterschiede: Heute erfolgt Eugenik mit informierter Zustimmung des Individuums und scheinbar demokratisch, damals autoritär und mit Zwang. Heute ist genetische Selektion moralische Pflicht und im allgemeinen Bewusstsein der Bevölkerung verankert, damals war es ein eigenständiges Konzept in einem besonderen Politikbereich.

M 4: Die contergangeschädigte armlose Juristin Teresia Degener fordert gerade von den Feministinnen, die sich mit dem Thema Differenz und Gleichheit beschäftigt hätten, eine Überprüfung ihrer Einstellung zur Behinderung.

Arbeitsanweisungen:
– Ist der Wunsch nach einem „gesunden" Kind Ihrer Ansicht nach ein „Urwunsch" oder Ausdruck einer gesellschaftlichen Norm?
– Können Sie Behinderung „nicht als Leid, sondern als Differenz [...] wie Geschlecht oder Hautfarbe" ansehen?

Ungefähre Ergebnisse:
– Die Antwort hängt davon ab, ob man Behinderung primär als leidvolle Störung der natürlichen Normalität oder als gesellschaftlich bedingte Problematik ansieht. Ist das zentrale Problem des Behinderten und seiner Angehörigen der gesellschaftliche Umgang mit dieser Behinderung oder die Behinderung an sich?

M 5: Der schwer körperbehinderte Autor Fredi Saal stellt einen Zusammenhang zwischen der pränatalen Diagnostik und der Ausgrenzung von Behinderten und anderen „Minderheiten" her. Pränataldiagnostik ist für ihn unmoralisch, da Leben nur nach einer Qualitätsprüfung gewährt wird. Konsequenz seiner Ausführungen wäre eine rechtliche oder zumindest moralische Verurteilung des Abbruchs einer an sich erwünschten Schwangerschaft und die Verurteilung oder das Verbot der pränatalen Diagnostik. Diese und ähnliche vor allem von Behinderten vorgetragene Argumente haben in Deutschland dazu geführt, dass 1995 bei der Neufassung des § 218 die eugenische Indikation im Gesetzestext nicht mehr explizit aufgenommen wurde.

M 6: Doris Weber sieht in der Pränataldiagnostik eine neuartige Variante von Rassismus und Faschismus, da sie eine Selektion werdenden Lebens nach Nützlichkeitskriterien vornimmt.
– Bedeutet pränatale Diagnostik auch eine Einschränkung der Entscheidungsfreiheit?
– Wie beurteilen Sie die Analogisierung der Pränataldiagnostik mit Rassismus und Faschismus?

M 7: Für die vatikanische Glaubenskongregation ist pränatale Diagnostik erlaubt, wenn sie dem Leben dient, und verboten, wenn Ziel der Untersuchung ist, den Embryo oder Fötus bei bestimmten Missbildungen abzutreiben. Basis dieser Wertung ist ei-

Kommentar

nerseits ein Kirchenverständnis, nach dem derartige Richtlinien der katholischen Kirche zustehen und andererseits die aus der katholischen Naturrechtslehre resultierende Auffassung, dass Nachkommen und Kinderreichtum als Segen anzusehen sind und der Schwangerschaftsabbruch als Verstoß gegen das 5. Gebot prinzipiell zu verurteilen ist.

M 8: Ähnlich wie die Kritikerinnen aus der Behindertenbewegung (vgl. M 4) moniert die Evangelischen Frauenarbeit, dass pränatale Diagnostik die weibliche Selbstbestimmung nicht fördert, sondern eine Entwicklung begünstigt, die den Lebenswert von Behinderten infrage stellt.

Arbeitsanweisung:
– Vergleichen Sie die theologischen Überlegungen der Autorinnen der Evangelischen Frauenarbeit mit denen von Sabine Stengel-Rutkowski. (M 9) Welcher Ansatz erscheint Ihnen plausibler?

M 9: Die Ärztin Sabine Stengel-Rutkowski weist den Vergleich von NS-Eugenik und pränataler Diagnostik zurück und fordert die grundsätzliche Akzeptanz der Elternverantwortung bei der Entscheidung über werdendes Leben statt aller einengenden Gesetze und Gebote.

Arbeitsanweisungen:
– Stellen Sie Positionen der Kritiker der Pränataldiagnostik Auffassungen von Stengel-Rutkowski gegenüber.
– Wie beurteilen Sie die Forderung, die Entscheidung über werdendes Leben vollständig den Eltern zu überlassen?

Mögliches Tafelbild zu M 8:

Evangelischen Frauenarbeit	Stengel-Rutkowski
Jedes Kind ist von Gott gegeben und der menschlichen Fürsorge anvertraut – hat also Lebensrecht.	Vorstellung ist abzulehnen, der Mensch dürfe sich nicht in den von Gott bestimmten Schwangerschaftsprozess einmischen – dies ist mit Religiosität gepaarter Biologismus. Für verantwortliche Entscheidung der Eltern; Gott will menschliche Weiterentwicklung.

Mögliches Tafelbild zur Diskussion über Pränataldiagnostik (PD) zu M 9:

Kritiker	Stengel-Rutkowski
Es besteht eine Kontinuität zwischen NS-Eugenik und PD. (Waldschmidt, Weber)	In unserer heutigen Gesellschaftsordnung wird nicht über den Wert eines Lebens entschieden. Die neuen pränataldiagnostischen Möglichkeiten haben kein Vorbild in der Vergangenheit.
Freiheit zum Annehmen eines behinderten Kindes ist nicht mehr gegeben. (Weber) Drang nach nicht behindertem Kind ist Ausdruck der Wertordnung der Herrschenden. (Degener) PD ist Eugenik von unten. (Waldschmidt)	Eltern müssen Freiheit haben, Kind nicht anzunehmen.
PD ist empörender Versuch, für wertlos gehaltenes Leben zu verhindern. (Saal)	PD ist Hilfe für verantwortliche Elternschaft. Eugenische Indikation berücksichtigt das Wohl der Mutter.
Frauen handeln unerlaubt, wenn sie PD mit dem Ziel einer Abtreibung bei Missbildung durchführen lassen; alle Beteiligten haben die Aufgabe, Leben zu erhalten. (kath. Kirche)	Eltern haben Freiheit, Leben zu schenken oder nicht; Institutionen kennen nicht Gottes Willen und beharren auf überkommenen Positionen, anstatt sich dem Neuen zu öffnen.

A 9

Das Arbeitsblatt soll in einige Aspekte der Diskussion um die Organtransplantation einführen, insbesondere die ethische und theologische Bewertung der Gehirntodproblematik.

M 1:

Arbeitsanweisungen:
- Welche ethischen Probleme wirft die Organspende von Spendern auf, die über ihr Bewusstsein verfügen?
- Ist ein Hirntoter tod oder sterbend?
- Welche Argumente sprechen für die enge, welche für die erweiterte Zustimmungslösung?

Ungefähre Ergebnisse:
1. Neue Abhängigkeiten; Schuldbewusstsein des Empfängers; Notwendigkeit, die Motive des Spenders zu untersuchen, um finanzielle oder andere fragwürdige Motive auszuschließen.

2. Einige Argumente
   für das Todsein:
   - kein menschliches Sein ohne Bewusstsein und damit ohne Großhirn. Integrations- und Steuerungsfunktion des Gehirns ist Voraussetzung für Leben.

   für den Sterbezustand:
   - Mensch besteht nicht nur aus Gehirn, sondern ist eine Einheit aus Körper, Geist und Seele.
   - Selbst der Verlust der Funktion eines zentral wichtigen Organs bedeutet nicht Verlust der menschlichen Personalität.

3. Einige Argumente für
   eine enge Zustimmungslösung:
   - Niemand darf über den Körper eines anderen verfügen.
   - Unerträglicher psychischer Druck für Verwandte, wenn ein Hirntoter vorher keine Direktiven gegeben hat.

   für die weite Zustimmungslösung:
   - ermöglicht eine große Anzahl Organe.
   - Das Leben der Empfänger ist wichtiger als der Körper des Hirntoten.

M 2: Der Cartoon kann mit der Hirntodproblematik verknüpft werden, auch wenn er diese nicht explizit thematisiert. Der Tod erscheint hier als Gefangener des medizinischen Fortschritts, er kann Leben nicht mehr beenden – was aber dem Menschen nichts nützt, der nicht leben und sterben kann. Damit verweist das Bild auch auf den Hirntod, der als Produkt der modernen Medizin – der Körper kann nach dem Gehirnausfall am Leben erhalten werden – die frühere Eindeutigkeit bei dem Übergang von Leben zum Tod aufhebt und die Menschheit vor neue ethische Entscheidungen stellt.

M 3: Die Grafik illustriert die Diskrepanz zwischen Organangebot und -nachfrage – ein wichtiges Argument für diejenigen, die eine Ausweitung der Transplantation fordern. Oft nicht erwähnt wird dabei, dass der Bedarf eine variable Größe ist und von verschiedenen Faktoren und Entscheidungen abhängt:
- Je mehr Transplantationen es gibt, desto größer ist der Bedarf an Zweit- und Dritttransplantationen bei Unverträglichkeit der Gewebe.
- Immer ältere Menschen – inzwischen auch 80-jährige – werden zu geeigneten Empfängern erklärt.
- Auch ehemals für ungeeignet befundenen Empfängern – z. B. Alkoholikern – werden Organe übertragen.
- Es kann im Einzelfall unterschiedliche Auffassungen von Medizinern geben, ob eine Transplantation erforderlich ist oder andere Maßnahmen angezeigt sind.

M 4: Der von beiden großen christlichen Kirchen in Deutschland autorisierte Text ist von einer Kommission erstellt worden, in der neben Vertretern beider Kirchen auch fünf Ärzte, darunter einige der bekanntesten Transplantationsmediziner, mitgearbeitet hatten. Die Erklärung wird von dem Arbeitskreis Organspende in großer Auflage verteilt.

Arbeitsanweisungen:
- Stellen Sie die theologischen Argumente zusammen, die die Autoren anführen. Wie beurteilen Sie diese?
- Sollen die Kirchen in dieser Eindeutigkeit für die Organspende werben?

M 5: Klaus Peter Jörns, Professor für Praktische Theologie an der Berliner Humboldt-Universität, gehört zu den schärfsten Kritikern der Erklärung beider Kirchen.

Arbeitsanweisungen:
- Beide Kirchen führen 1. Kor. 15,42 und Joh. 15,13 zur Legitimierung der eigenen Position an. Verdeutlichen Sie die unterschiedlichen Interpretationen.
- Skizzieren Sie die Stellung beider Texte zum Hirntod und benennen Sie die jeweiligen Schlussfolgerungen.
- Wie ist in beiden Texten das Verhältnis von Individuum und Gesellschaft konzipiert?

Ungefähre Ergebnisse:
1. M 4 verweist auf 1. Kor. 15,53, um die physische Nichtübereinstimmung zwischen irdischem Leben und auferstandenem Sein zu belegen. In M 5

wird die Textstelle zitiert, um auf die Kontinuität der persönlichen Identität zwischen beiden Seinsformen zu verweisen. Joh. 15,13 wird in M 4 herangezogen, um Organspende als möglichen Ausdruck der Nachfolge Jesu zu erweisen. Jörns akzeptiert diesen Zusammenhang nur für den Fall, dass der Spender aus Liebe handelt, damit Jesus nachfolgen will und freiwillig seinen Körper freigibt. Die allgemeine Forderung der Nächstenliebe führe zu einer über die Gemeinde hinausgehende gesellschaftliche Ethik unter Berufung auf Jesus, was Jörns ablehnt.

2. M 4 akzeptiert den Hirntod als endgültigen Tod des Menschen, der die Mediziner legitimiert, den Hirntoten als Leichnam zu behandeln, dem lediglich Pietät zukommt. Die Organe dürfen explantiert werden, die Verwandten über den Leichnam verfügen. Dass Jörns der Hirntoddefinition nicht zustimmt, geht daraus hervor, dass er den Hirntoten als Sterbenden bezeichnet. Organentnahme ist für ihn deshalb ein Eingriff in den Sterbeprozess, der für ihn nur dann legitim ist, wenn er mit der Zustimmung des Spenders (enge Zustimmungslösung) erfolgt.

3. Nach M 4 hat das Individuum eine religiös untermauerte moralische Verpflichtung zur Organspende – es soll seine Organe dem Mitmenschen und damit dem Gemeinwesen zur Verfügung stellen. Jörns sieht darin einen Quasi-Anspruch der Gemeinschaft, des „Über-wir", auf die Organe des Sterbenden und fordert, dass das Gemeinwesen sich nicht über die Verwandtenzustimmung desjenigen bemächtigen darf, der keine Erklärung hinterlassen hat.

M 6: Anhand von M 6 kann über die Zukunft des Organtransplantations-Marktes, die ihm innewohnenden Mechanismen sowie die Einstellung der Schüler dazu gesprochen werden: Gibt es eine Grenze der Zurverfügungstellung des eigenen Körpers – oder ist er ein beliebig benutzbarer Rohstoff?

A 10

M 1/M 2: Die beiden Quellen fassen notwendige Basisinformationen für die ethische Bewertung zusammen. Im Anschluss an die Klärung des Sachverhaltes kann eine einführende Diskussion über die Frage geführt werden, ob aus abgetriebenen Embryonen Rohstoffe für Transplantationen gewonnen werden sollten.

M 3: Professor Linke ist Leiter der Abteilung für klinische Neurophysiologie und Neurochirurgische Rehabilitation der Universitätsklinik Bonn.

Arbeitsanweisungen:
– Stellen Sie Chancen und Risiken der Fetalgewebetransplantation gegenüber.
– Wie beurteilen Sie die ethische Problematik der Fetalgewebetransplantation? Welche Folgerungen sollten die für das Gesundheitswesen politisch Verantwortlichen aus den Überlegungen Linkes ziehen?

Ungefähre Ergebnisse:
1. Chancen
– Heilung von sonst nicht behandelbaren Krankheiten mit den möglichen Folgen: gesteigerte Lebensqualität, längeres Leben, weniger Leiden.
– „Nutzlose" abgetriebene Embryonen werden zum Wohl Kranker benutzt.

Risiken
– Identitätsprobleme der Empfänger
– Neue ethische Dimension der Abtreibungsproblematik
– Schwierige Kriterienfindung bei Entscheidung über Legitimität von Maßnahmen
– Veränderte Frauenrolle (Rohstoffproduzentin)
– Gefahr der Ausweitung der Eingriffe auf immer neue Krankheitsbilder

2. Die Einschätzungen Linkes legen eine eher restriktive Politik nahe, die einzelne Projekte zulässt und langfristig auswertet. Angesichts des ethischen Dilemmas sind jedoch verschiedene Argumentationen möglich – von einer „Heuristik der Furcht" (Hans Jonas) und entsprechenden staatlichen Verboten über das Zulassen von Tierversuchen bis zur Genehmigung aller Versuche an Kranken, legitimiert durch die Forschungsfreiheit und das potenzielle langfristige Wohl von Kranken.

A 11

M 1/M 2: In M 2 werden einige der in M 1 erwähnten neuen familiären Konstellationen konkretisiert. Generell werfen diese Fälle die Frage auf, ob es hier noch um die ethisch eher legitimierbare Hilfe für „kranke" Patienten geht oder um die Realisierung eines umfassenden Machbarkeitsdenkens – oder ob ersteres als Einstieg für zweiteres dient.

Arbeitsanweisungen (Partner- oder Gruppenarbeit):
– Benennen Sie die jeweiligen ethischen Probleme, die die Meldungen aufwerfen.
– Aufgrund welcher Werte, Überzeugungen oder Prinzipien kommen Sie zu einer Beurteilung?
– Sollte der Gesetzgeber bestimmte Entwicklungen verbieten oder alles zulassen, was machbar ist?

Ungefähre Ergebnisse:
1. Ist Leihmutterschaft zulässig? Ist sie ein Ausdruck weiblicher Berufs- und Entfaltungsfreiheit oder unsittlich? Darf Geld genommen werden? Hat ein Mensch – z. B. aus Identitätsgründen – ein Recht auf einheitliche Mutterschaft? Ist es verantwortbar, zwei Föten im Leib der Ersatzmutter heranwachsen zu lassen und dann zu trennen? – Hinweis zu Fall 1: In Deutschland ist die Durchführung der künstlichen Befruchtung bei einer „Ersatzmutter" nicht gestattet (Embryonenschutzgesetz, § 1, Abs. 7).
2. Dürfen Embryonen beliebig produziert und vernichtet werden oder haben sie ein Lebensrecht? Ist eine Selektion nach Geschlechtsmerkmalen zulässig? Was hat Priorität – das Recht von Arzt und Eltern auf freie Entfaltung ihrer Persönlichkeit oder das Recht des Embryos auf Leben? Hinweis zu Fall 2: Nach § 3 des Embryonenschutzgesetzes wird die Geschlechtsauswahl – außer bei bestimmten Krankheiten – mit Gefängnis bis zu einem Jahr bestraft.
3. Darf die Medizin das Kind in einer Konstellation zur Welt kommen lassen, wo es keine Aussicht auf einen Vater hat? Darf die Medizin andererseits Frauen daran hindern, ein Kind in den von ihnen gewünschten Verhältnissen zu gebären? Welche Bedeutung haben Kategorien wie Natürlichkeit und Gewohnheit bei der Beurteilung des Falles? – Hinweis zu Fall 3: In Deutschland finanzieren jedenfalls Krankenkassen nur die künstliche Befruchtung bei Ehepaaren. Nach § 2, Abs. 2 des Embryonenschutzgesetzes darf die Befruchtung der Eizelle im Hinblick auf eine Schwangerschaft nur bei der Frau durchgeführt werden, von der die Eizelle stammt.

M 3: Der Cartoon karikiert die Problematik der Aufteilung zwischen genetischer, biologischer und sozialer Elternschaft – und wirft u. a. die Frage nach der Identität eines Betroffenen auf: Wie kann ein Individuum die verschiedenen Faktoren in seine persönliche Geschichte integrieren?

M 4: Der italienische Reproduktionsmediziner Dr. Magli ist durch spektakuläre Eingriffe bekannt geworden. In dem Interview wird auf zwei dieser Fälle Bezug genommen: Zum einen ermöglichte er einer 62-jährigen Frau die Geburt eines Kindes, zum anderen ließ er Eltern über das Geschlecht ihres Kindes entscheiden.

A 12

M 1: Hier wird die In-vitro-Fertilisation vor allem unter Verweis auf das Ehe- und Naturverständnis der katholischen Kirche abgelehnt.

Arbeitsanweisungen:
– Stellen Sie die Argumente der Erklärung gegen die künstliche Befruchtung zusammen. Verdeutlichen Sie, wo nicht weiter begründete Lehrsätze formuliert werden.
– Diskutieren Sie die Tragfähigkeit sowie die Voraussetzungen und Konsequenzen dieser Argumente.

Ungefähre Ergebnisse:
1. Die Vollkommenheit der Zeugung erfordert den ehelichen Akt, in dem göttliches und menschliches Handeln zusammenwirken. Die bei der künstlichen Befruchtung häufig vorkommende Zerstörung von Embryonen ist unzulässig, da es sich um menschliche Wesen handelt. Die Funktion von Medizin und Technik beim künstlichen Reproduktionsvorgang widerspricht der Würde des Kindes und der Gleichheit, die zwischen Eltern und Kinder bestehen muss. Das Kind hat ein Recht auf Zeugung in der Ehe – nur so wird die Würde seines Ursprungs gewahrt. Dagegen widerspräche ein Recht der Ehegatten auf ein Kind der Würde der Natur.
2. Da alle Argumente auf hier nicht begründeten Voraussetzungen beruhen, sind diese kaum für Menschen schlüssig, die diese Voraussetzungen nicht teilen. Trotzdem kann das Ergebnis aus anderen, z. B. moralischen Motiven heraus akzeptabel sein.

M 2: Der evangelische Theologe Johannes Degen setzt sich besonders mit der Frage auseinander, ob die In-vitro-Fertilisation auch in evangelischen Krankenhäusern durchgeführt werden sollte. Der Text zeigt, dass die künstliche Befruchtung von beiden großen christlichen Kirchen wie andere ethische Fragen ähnlich beurteilt wird, es aber auch signifikante Unterschiede gibt.

Arbeitsanweisung:
– Verdeutlichen Sie Gemeinsamkeiten und Unterschiede der Beurteilung der künstlichen Befruchtung zwischen M 1 und M 2. Worin sind die Unterschiede begründet?

Ungefähre Ergebnisse:
– In der Begründung der Ablehnung der künstlichen Befruchtung überwiegen die gleichen bzw. ähnlichen Argumente: Durch IvF wird die Menschenwürde gefährdet, die Rolle von Technik und Wissenschaft im Reproduktionsvorgang wird kritisch beurteilt; es gibt kein Recht auf ein Kind; die vorfindliche gottgegebene Natur des Menschen ist zu akzeptieren, ebenso wie Leid und Kinderlosigkeit. Unterschiedlich ist vor allem das Eheverständnis:

Kommentar

Während M 2 nicht darauf eingeht, ist es in M 1 von zentraler Bedeutung. Ursachen dürften die unterschiedliche Bedeutung der Ehe in Lehre (vgl. die Sakramentenlehre) und Praxis beider Kirchen sein, aber auch die Verbindung dieses Verständnisses im Katholizismus mit der Naturrechtslehre: Nur im natürlichen ehelichen Akt verbinden sich Göttliches und Menschliches zur vollkommenen Zeugung.

A 13

Das Klonen menschlicher Embryonen gilt als technisch lösbares, in der Tierzucht vielfach erprobtes Verfahren, das angesichts seiner Umstrittenheit bei menschlichen Embryonen bisher nur in wenigen Fällen experimentell durchgeführt worden ist. Zuletzt hatte der amerikanische Reproduktionsmediziner Jerry Hall 1993 aus Embryonen, die bei der In-vitro-Fertilisation angefallen waren und sich im Zwei- bis Achtzellstadium befanden, durch einfaches Trennen der Zellen insgesamt 48 Mehrlinge erzeugt. 1997 gelang es schottischen Forschern zum ersten Mal, das Erbgut der Zelle eines erwachsenen Schafs in eine Embryonal-Zelle einzupflanzen.

Das Klonen eines Menschen wirft eine Fülle ethischer Fragen auf, insbesondere nach dem Recht des Menschen, ein genetisches Individuum zu sein, den Kriterien und Verantwortlichkeiten bei der Auswahl der zu klonenden Embryonen, dem dabei deutlich werdenden Menschenbild sowie der Rolle der Wissenschaft. Das Material enthält nach einer einführenden Karikatur (M 1) Informationen zu den beiden genannten Experimenten (M 2/M 3 bzw. M 4/M 5) sowie unterschiedliche Bewertungen des Problemfeldes (M 6–M 10).

M 1:
Arbeitsfragen:
– Was kritisiert der Cartoonist?
– Welche Mittel gebraucht er?

Ungefähre Ergebnisse:
1. Er kritisiert den fließenden Übergang zwischen dem Klonen von Tier und Mensch und damit die Fragwürdigkeit dieses wissenschaftlichen Unterfangens, das die Besonderheit der menschlichen Individualität gefährdet.
2. Einige Stichworte: Darstellung des Wissenschaftlers mit Einsteinkopf und Pferdemaul als Chimäre; Diskrepanz zwischen öffentlichem Informationsinteresse und zweideutiger Auskunft, durch die eine Horrorvision für den Betrachter, nicht aber für den Frager Wirklichkeit zu werden scheint; Labor als Ausdruck der unkontrollierten Verselbständigung von Wissenschaft.

M 2: Reaktionen auf die erwähnten Experimente von Jerry Hall und der schottischen Wissenschaftler offenbarten die inzwischen eingetretene Diskrepanz zwischen Öffentlichkeit und Wissenschaft. Während Medien, Politiker und Kirchen davor warnten, Menschen zu „züchten" und zu vervollkommnen, hatte die amerikanische Fruchtbarkeitsgesellschaft Hall für seine Experimente am 13. 10. 1993 mit einem Preis für seine Erkenntnisse ausgezeichnet.

Angesichts der massiven Proteste wurde jedoch in den USA 1993 ein Komitee mit dem Auftrag eingesetzt, einen Bericht über das Klon-Problem zu erstellen (vgl. M 8).

Arbeitsfragen:
1. Welche Empfindungen löst der Bericht bei Ihnen aus?
2. Welche ethischen Fragen wirft das Experiment für Sie auf?
3. Wie ist die Diskrepanz zwischen den Reaktionen der Wissenschaft und der Öffentlichkeit zu erklären?

Ungefähre Ergebnisse zu den Fragen 2. und 3.:
Hat ein Mensch das Recht, ein genetisches Individuum zu sein? Nach welchen Kriterien sollte die Auswahl der zu klonenden Embryonen vorgenommen werden? Wer darf darüber entscheiden? Führt das Klonen zur Menschenzüchtung? Welche Folgen hätte die Legitimierung des Klonens für das herrschende Menschenbild?

Das Tempo der Entwicklung insbesondere der Reproduktionsmedizin ist wesentlich höher als die Möglichkeit des allgemeinen ethischen Bewusstseins, diese Prozesse nachzuvollziehen. Naturwissenschaftler denken primär in Kategorien der Machbarkeit und berücksichtigen vielfach erst in zweiter Linie Probleme der gesellschaftlichen Akzeptanz; ihr Diskurs verläuft international untereinander ab, weniger binnengesellschaftlich mit interessierten Laien. Revolutionäre Entwicklungen in der Wissenschaft haben schon immer im Gegensatz zum Erfahrungs- und Verständnishorizont der Bevölkerung gestanden und diesen letztlich immer verändert – die Ungleichzeitigkeit dieser Prozesse ist also fast unvermeidlich. Die Beobachtung der Entwicklung der verschiedenen medizinischen Bereiche und besonders der Reproduktionsmedizin erfordert spezielles Interesse und entsprechende Voraussetzungen, die öffentliche Wahrnehmung findet nur fallweise und nur bei von den Medien aufbereiteten „Skandalen" statt; die Reaktionen mancher Politiker, die es besser wissen könnten, sind populistischer Natur.

Kommentar

M 3: Erwin Chargaff, Jahrgang 1905, studierte Chemie und Literaturwissenschaft in Wien und emigrierte 1933 von Berlin erst nach Frankreich und später in die USA. Neben seiner Forschungstätigkeit veröffentlichte er zahlreiche Essays und Bücher und ist seit Jahrzehnten einer der schärfsten und profiliertesten Warner vor den Konsequenzen wissenschaftlich-technischen Fortschritts.

In seinem polemischen Zeitungsartikel nimmt Chargaff zu dem Experiment Halls Stellung und ordnet dieses in zahlreiche Probleme von grundsätzlicher Bedeutung ein.

Damit stellt sich die Frage: Hat ein Gemeinwesen die Kraft und Substanz, ein alternatives Menschenbild gegenüber einer Verzweckung des Menschen zugunsten von materiellen und utilitaristischen Interessen zu behaupten? Was könnten Grundzüge eines solchen Menschenbildes sein? Daneben ist über die Ausrichtung des wissenschaftlich-technischen Fortschritts zu reden und damit über die Legitimität der polemischen Thesen Chargaffs. Bei der Beantwortung dieser Fragen wird auf Erkenntnisse und Beispiele aus den vorherigen Abschnitten zurückgegriffen werden können.

Arbeitsfragen:
- In welchen Kontext ordnet Chargaff das Experiment Halls ein?
- Welche ethischen Konflikte beschreibt er?
- Wie beurteilen Sie die Spannung zwischen Art. 5, 3 und den Art. 1–3 GG? Leiten sich aus diesen Artikeln und generell aus der Tradition der Menschenrechte Maßstäbe zur Bewertung des Umgangs mit dem Klon-Experiment Halls ab?
- Halten Sie Chargaffs pessimistische Bewertung der Möglichkeit, die Erzeugung menschlicher Klone zu verhindern, für gerechtfertigt?

Ungefähre Ergebnisse:
1. Chargaff ordnet das Experiment ein in die Entwicklung des wissenschaftlichen Fortschritts, der für ihn von materiellen Interessen bestimmt ist und in dem die menschliche Würde eine zunehmend infrage gestellte Größe sein werde; in die verbreitete Orientierungslosigkeit der Wissenschaftler sowie die Schwierigkeit, in einer globalisierten Weltwirtschaft auf nationaler Basis gegenüber Wissenschaft und Wirtschaft Restriktionen durchzusetzen.
2. Er beschreibt folgende Konflikte: zwischen dem Recht auf Wissenschafts- und Geschäftsfreiheit und dem Recht des Individuums auf Würde und Verfügbarkeit; zwischen dem Interesse an der gesellschaftlichen Verfügung über wissenschaftliche Erkenntnisse und dem Streben nach ökonomischem Profit, Arbeitsplatzerhalt etc.; zwischen Sachzwang und Ethik.
3. Wenn die Unantastbarkeit der Menschenwürde (Art. 1) und das freie Recht auf Entfaltung der Persönlichkeit (Art. 2) zum Kernbestand der Verfassung gehören, darf Art. 5, 3 dem nicht entgegenstehen, da die „Freiheit der Lehre [...] nicht von der Treue zur Verfassung" entbindet.

M 4/M 5: Der Text ist ein Auszug aus einem Interview, das der Spiegel mit dem „Schöpfer" des geklonten Schafes Dolly, dem schottischen Embryologen Ian Wilmut, nach der Veröffentlichung des erfolgreichen Experiments geführt hatte. Wilmut behauptet darin, das Experiment durchgeführt zu haben, um die Diskussion über das Thema anzuregen und erwartet von dieser Debatte, den Gesetzen und der Moral eine Begrenzung des Klonens auf Tiere.

Arbeitsfragen:
- Welche neuen ethischen Fragen wirft dieser Versuch gegenüber dem Experiment von Hall auf?
- Wie beurteilen Sie das Selbstverständnis und die Erwartungen des Wissenschaftlers Wilmut?
- Wie sollten die Mediziner nach Ihrer Auffassung mit dem Wunsch von Interessenten umgehen, einen Klon von sich selbst zu erhalten?

Ungefähre Ergebnisse:
1. Dürfen Menschen sich selbst, d. h. ihren genetischen Bestand, in beliebiger Anzahl vervielfältigen? Nach welchen Kriterien sollte darüber entschieden werden? Soll es ein Recht auf erbgleiche Kopien geben oder soll die Gesellschaft über Gremien o. ä. darüber entscheiden? Welchen Einfluss hat die Entdeckung Wilmuts auf die Verbreitung eugenischen Gedankenguts? Wird es dies fördern durch gezielte Vervielfältigung oder wird Eugenik gerade verhindert durch die Möglichkeit allgemeiner Praxis?
2. Es ist zu erörtern, ob es plausibel ist, dass die bewusste Grenzüberschreitung eine allgemeine gesetzliche Regelung hervorruft – oder ob es sich um den Versuch handelt, das Experiment zu legitimieren. Lässt sich der wissenschaftliche „Fortschritt" durch Gesetze verhindern? Wie ist der Gebrauch der Erkenntnisse Wilmuts von ihrem Missbrauch zu unterscheiden?

M 6: Der englische Genetiker J. B. S. Haldane äußerte sich auf dem berühmt-berüchtigten Ciba-Geigy-Symposium „Man and his future", das 1962 in London stattgefunden hatte (vgl. auch A7, M 2–7).

Arbeitsanweisungen:
- Kennzeichnen und erklären Sie Haldanes Motive, Menschen zu klonen.

Kommentar

– Verdeutlichen Sie die Prämissen, von denen er unausgesprochen ausgeht.
– Kommentieren Sie seine Überlegungen.

Ungefähre Ergebnisse:
1. Der Mensch soll verbessert werden, indem Eliten gefördert werden.
2. Eine Auswahl:
   – Eliten reproduzieren sich.
   – Der genetische Bestand bestimmt den Wert des Menschen.
   – Das Klonen überragender Menschen nützt der Allgemeinheit.
   – Eliten haben das Recht, über die Fortpflanzung von Menschen zu entscheiden, und verfügen über Kriterien der Auswahl.
   – Durch Elitenförderung werden die Möglichkeiten von menschlicher Entwicklung ausgeweitet.
   – Es gibt einen Konsens über anerkannte Fähigkeiten.
   – Fähigkeiten sind erblich.

M 7: John Harris, Ethiker an der Universität Manchester, veröffentlichte 1995 mit seinem bereits 1985 erstmals publizierten Buch „Der Wert des Lebens" die „erste umfassende und grundlegende Einführung in die Bioethik in deutscher Sprache". (Aus dem Vorwort der Herausgeberin, der Berliner Philosophin Ursula Wolf.) Die „undogmatischen und erfrischenden" (Wolf) Positionen von Harris verdeutlichen die Entwicklung der Bioethik besonders im angelsächsischen Raum, die geprägt ist von einer hierzulande noch eher fremdartig anmutenden Selbstverständlichkeit, mit den Visionen, die aus dem Bereich der Sciencefiction zu kommen scheinen, in nüchterner Wissenschaftssprache in das Feld wissenschaftlich-technischer Optionen und ethischer Reflexion gerückt werden.

In dem Textauszug entwickelt Harris die Möglichkeit, durch Klonierung die Lebensdauer des Menschen erheblich auszuweiten. Indem die Organe sämtlich als ersetzbar apostrophiert werden, ist die individuelle Lebensdauer nur noch vom Zustand des Gehirns abhängig. Die zum Zwecke der Lebensverlängerung produzierten Klone haben kein eigenes Lebensrecht, wenn ihre Gehirnfunktionen so reduziert werden, dass keine Bewusstseinsbildung stattfinden kann; sie fungieren als Ersatzteillager, das nach den Bedürfnissen des Auftraggebers sukzessive eingebaut werden kann.

Arbeitsanweisungen:
– Wie wirkt der Text auf Sie? Welche Gefühle und Assoziationen löst er aus?
– Von welchem Menschenbild geht Harris aus?
– Verdeutlichen Sie unter Rückgriff auf vorherige Arbeitsblätter Entwicklungen in Medizin und Ethik, die den Vorschlag zur Errichtung von Organbanken als durchaus plausibel und konsequent erscheinen lassen könnten.
– Wie beurteilen Sie die von Harris aufgezeigte Perspektive?

Ungefähre Ergebnisse:
1. Einige mögliche Assoziationen: Ersatzteillager Mensch – Menschenbanken – Ende der menschlichen Individualität – Frankenstein – Unsterblichkeitswahn.
2. Das Menschenbild von Harris wirkt maschinenartig – defekte Ersatzteile werden beliebig ausgetauscht, selbst das Gesamthirn ist transplantierbar. Dahinter steht die auch von Harris vertretene Trennung von Personen und Nicht-Personen: Die Tötung einer Person, deren Zukunftswünsche dadurch vereitelt werden, ist ethisch ganz anders zu bewerten als die Tötung eines Wesens, das über keine Zukunftswünsche verfügt. (vgl. A 21, M 1 und M 3).
3. In dieser skurril erscheinenden Vision verdichten sich Tendenzen, die in der medizinischen Entwicklung und der bioethischen Diskussion durchaus zu erkennen sind: die Bindung des Lebensrechts an das Vorhandensein kognitiver Funktionen und Fähigkeiten; die Praxis, sterbende Menschen für hirntot zu erklären und ihre Organe bis zur Multiorganentnahme der Allgemeinheit zur Verfügung zu stellen; die Tendenz, das Hirntodkriterium auszuweiten auf ein Teilhirntodkriterium auf Anenzephale, die ohne Gehirn geboren werden, und Apalliker, bei denen die Großhirnrinde ausgefallen ist und die irreversibel bewusstlos sind; generell die Forderung, dass individuelle Interessen von nicht für bewusstseinsfähig gehaltenem menschlichen Leben zurücktreten sollen zugunsten der Entfaltung der Lebensperspektiven derjenigen, die über Bewusstsein und Autonomie verfügen. Auch dürfte vielen Entwicklungen etwa im Bereich der Gentechnologie und Organtransplantation der Wunsch zugrunde liegen, die menschliche Lebensdauer immer weiter auszudehnen.

M 8: Nach der für viele amerikanische Wissenschaftler überraschend kritischen internationalen Reaktion auf die Versuche von Jerry Hall wurde in den USA das NABER-Komitee (National Advisory Board on Ethics in Reproduction) mit dem Auftrag eingesetzt, einen Bericht über das Klon-Problem zur Beratung der Politik zu erstellen. M 8 enthält eine

Kommentar

Zusammenfassung der von der Kommission erörterten Anwendungsformen: Alle Mitglieder hielten das Klonen für an sich ethisch zulässig, wenn die resultierenden Embryonen nicht beschädigt oder zerstört würden. Einig war man sich auch, dass das Klonen für die IvF-Befruchtung zuzulassen sei – einzige Einschränkung: nur maximal vier Exemplare seien herzustellen – und dass die Klone tiefgefroren werden könnten, allerdings „nur" 18 Jahre lang. Viele Mitglieder akzeptierten auch zeitversetzte Zwillinge sowie die Spende eines Klons, wobei der fließende Übergang zwischen Verkauf und Spende durchaus gesehen wurde. Jedoch wurde die Auffassung vertreten, dass an dieser Unterscheidung festgehalten werden könne. Verworfen wurde lediglich die Möglichkeit, das eigene Duplikat selbst austragen zu können sowie die „Ersatzteillager"-Vision. Falls ein identisches Exemplar aber ohnehin noch vorhanden ist, ist es nach Meinung mehrerer Kommissionsmitglieder akzeptabel, dieses zu diesem Zweck auszutragen.

Arbeitsfragen:
- Wie beurteilen Sie die einzelnen Anwendungsmöglichkeiten der Zellteilung? Welche erscheinen Ihnen akzeptabel, welche nicht?
- Vergleichen Sie Ihre Ergebnisse mit denen der NABER-Kommission. Versuchen Sie Gründe für u. U. vorhandene unterschiedliche Einschätzungen zu benennen. Ist nach Ihrer Auffassung das Klonen mit den Grundrechten (s. besonders Art. 1–3 GG) vereinbar?

M 9: Der österreichisch-amerikanische Philosoph Hans Jonas hat sich in zahlreichen Veröffentlichungen kritisch mit der modernen medizinischen Entwicklung auseinandergesetzt. In dem Textauszug stellt Jonas das Recht des Individuums, über seine genetische Substanz nicht Bescheid wissen zu müssen, heraus. Es geht also um den Klon, der das Original (und möglicherweise Dubletten der eigenen genetischen Substanz) vor Augen hat und durch die Umwelt eine gravierende Einschränkung seiner Freiheit erfährt. Mit dem Recht auf ein genetisches Nichtwissen verteidigt Jonas die Freiheit von Lebensentwürfen gegenüber einem Produziertwerden zugunsten der Verzweckung für die Interessen anderer.

Arbeitsanweisungen:
- Hat ein Mensch ein Recht darauf, über seine genetische Substanz nicht informiert zu sein?
- Verdeutlichen Sie Jonas' Verständnis von Individualität und Freiheit und vergleichen Sie sein Menschenbild mit demjenigen, das den Vorschlägen der NABER-Kommission und dem Text von Harris zugrundeliegt.

Ungefähre Ergebnisse:

1. *Mögliche Argumente:*
- Ja:
  - Informationelle Selbstbestimmung ist ein wesentlicher Teil der Individualität.
  - Viele Menschen können die Wahrheit über ihren Zustand nicht vertragen.
  - Bestimmte Krankheiten (z. B. erblicher Veitstanz) treten erst bei Erwachsenen auf und sind nicht heilbar, die Nachricht beeinträchtigt also erheblich die Lebensqualität.
- Nein:
  - Das Individuum kann nur als Teil der Gesellschaft leben – diese (z. B. als Staat, Versicherung, Arbeitgeber) hat Anspruch auf Informationen über die genetische Beschaffenheit; das Individuum muss jedoch wissen, welche Informationen über es gesammelt werden.
  - Das Recht auf Nichtwissen ist eine überholte Idee, die von der Realentwicklung außer Kraft gesetzt wird.
  - Individualität kann sich auch entfalten, wenn die genetische Substanz bekannt ist.

2. *Mögliches Tafelbild:*

Jonas
- Der Mensch soll über sich und sein Schicksal verfügen können.
- Die Gesellschaft muss im Rahmen ihrer Möglichkeiten Selbstbestimmung und Freiheit ermöglichen.

Harries/NABER:
- Der Mensch ist wesentlich Teil des Gemeinwesens.
- Selbstbestimmung und Freiheit erfahren ihre Grenzen, wenn Menschen – insbesondere, wenn sie nicht über Bewusstsein verfügen – für andere nützlich sind.

M 10: Der Berliner Publizist Claus Koch kritisiert an Jonas, dass er mit der Forderung nach einem Recht auf Nichtwissen hinter dem erreichten Entwicklungsstand zurückfalle. Ein solches Recht hält Koch nicht nur für überholt, sondern auch für überflüssig – die Menschen würden sich immer individuell zu profilieren suchen.

Arbeitsfragen:
- Welche Konsequenzen hätte es, wenn es das Recht auf Nichtwissen im Sinne von Jonas nicht gäbe?
- Ist die Entwicklung zur Einengung des Zufalls unvermeidlich?

Kommentar

- Erweitert die Möglichkeit zur genetischen Vervielfältigung die Entfaltung menschlicher Freiheit?
- Sollte der Mensch in dem Evolutionsprozess eingreifen? Vergleichen und diskutieren Sie die Positionen von Jonas und Koch.

Ungefähre Ergebnisse:
1. Es besteht zumindest die Gefahr, dass das gesellschaftliche Interesse an den Informationen über das Individuum Vorrang gewinnt vor der informationellen Selbstbestimmung. Das Recht auf Nichtwissen ist ein Sonderfall dieser Selbstbestimmung und eine Schranke gegen den gesellschaftlichen Zugriff auf für das Individuum relevante Informationen.
2. Die Antwort hängt davon ab, ob man gegenwärtige Tendenzen linear fortsetzt oder mit der Möglichkeit von Gegenbewegungen rechnet. Für die Unvermeidlichkeit spricht u. a. das verbreitete Interesse, die Mechanismen der Marktgesellschaft auch auf die Fortpflanzung anzuwenden und für die zu leistenden Investitionen ein optimales „Produkt" zu erhalten. Dagegen ließe sich wohl nur anführen, dass der Fortpflanzungsprozess letztlich nicht so planbar ist wie es gegenwärtig scheint, oder dass Menschen einen Überdruss an dem medizinischen Einfluss auf das Fortpflanzungsgeschehen entwickeln könnten und, gleichsam „zurück zur Natur", auf den Zufall setzen.
3. <u>Pro-Argumente:</u>
   - Gewinn einer zusätzlichen Option der Entfaltung,
   - weitgehende Verhinderung von genetisch belasteten Kindern, die die eigene Freiheit beeinträchtigen würden.

   <u>Kontra-Argumente:</u>
   - Die Klone werden in ihrer Freiheitsentfaltung eingeschränkt durch genetisch identische Duplikate und entsprechende Erwartungen.
   - Einmaligkeit und Vielfalt der genetischen Beschaffenheit wird reduziert.

A14

Im Rahmen dieser Arbeitsblätter ist keine umfassende Thematisierung der ethischen Probleme der Gentechnologie möglich. Stattdessen ist mit der Keimbahntherapie einer der brisantesten Bereiche ausgewählt worden, da sich an ihr zentrale Probleme der Gentechnologie aufzeigen lassen. Zur Klärung der sachlichen Voraussetzungen sollte mit dem Biologieunterricht kooperiert werden oder es sollten mit den Schülern entsprechende Referatsthemen vereinbart werden.

M 1: Ruth Schwartz-Cowan ist Professorin für Geschichte an der State University of New York in Stony Brook, wo sie das Programm Frauenstudien leitet.

Arbeitsanweisungen:
- Skizzieren Sie die Auffassungen der Verfasserin zum Fortpflanzungsgeschehen.
- Leitet sich aus ihrer Position eine Bewertung der Keimbahntherapie ab?

Ungefähre Ergebnisse:
1. Die Verfasserin votiert für das Recht der Eltern, die Merkmale ihrer Kinder gegen staatliche Eingriffe frei auswählen zu können, für die Forschungsfreiheit und den ungehinderten Informationsfluss von Ärzten zu Eltern.
   Ihre Gründe: Die negativen Folgen bei staatlichem Handeln wären gravierender als bei Freigabe der Entscheidung an die Frauen; Normen des Wissenschaftsbetriebes und der medizinischen Praxis wären zugunsten von staatlich-paternalistischen Einflussnahmen zu ändern; Tendenz zur Selbstbestimmung der Patienten wäre umzukehren.
2. Insbesondere das von Schwartz-Cowan postulierte Recht der Mütter, über die Qualität der von ihnen ausgetragenen Kinder entscheiden zu können, legt eine entsprechende Zustimmung auch zur Keimbahntherapie nahe. Verhindern lässt sich diese Entwicklung wohl nur durch überstaatlich durchgesetzte Verbote – diese aber widersprechen der hier geforderten Forschungs-, Informations- und Entscheidungsfreiheit. Ebenso wie Eltern das Recht auf Abtreibung bei ihnen unvollkommen erscheinenden Kindern haben, so ließe sich auch ein Recht auf eine genetische Vervollkommnung begründen, wenn diese medizinisch realisierbar wäre.

M 2: Der deutsch-amerikanische Philosoph Hans Jonas (1903–1993) differenziert zwischen einer Gentherapie, die der Reparatur vorhandener Schäden dienen und einer anderen, die den Menschen vervollkommnen soll. Beide lehnt er ab – die vordergründig ethisch verantwortbare erste Variante wird nach seiner Überzeugung lediglich dazu dienen, den Weg für eine eugenisch orientierte Gentherapie zu ebnen und öffentlich zu legitimieren. Verhindern ließe sich diese Entwicklung nur durch die Tabuisierung des menschlichen Dranges, seinen genetischen Bestand zu perfektionieren, was Jonas zwar für wünschenswert, aber unrealistisch hält.

M 3: Der Zeichner konfrontiert die Werte, die zur Legitimierung der Biotechnologie gebraucht werden, mit dem finanziellen Interesse ihrer Betreiber.

Wenn die Begriffe Selbstbestimmung sowie Wissenschafts- und Informationsfreiheit eingeführt werden, lässt sich die Zeichnung auch mit M 1 vergleichen.

M 4: Der evangelische Krankenhauspfarrer Ulrich Eibach vertritt die Auffassung, dass die einseitige Betonung von technisch-wissenschaftlichen Konzepten wie die Gentechnologie die Herausbildung eines humanen Miteinanders verhindert.

Arbeitsanweisungen:
– Welche Folgen der gentechnischen Behandlung von Krankheiten beschreibt Eibach?
– Welcher Irrtum steht nach seiner Auffassung hinter dieser Wissenschaft?
– Verdeutlichen Sie Eibachs Alternativen.

Ungefähre Ergebnisse:
1. Die Lebenserwartung würde erhöht und damit auch die Zahl der Pflegebedürftigen; das Sozialsystem würde gefährdet; Patienten würden qualvoll dahinvegetieren statt frühzeitig an Krankheiten zu sterben.
2. Die Vorstellung, einen leidfreien Zustand durch medizinisch-technologische Perfektionierung herstellen zu können.
3. Akzeptanz von Leid; Fähigkeit entwickeln, selbst Leid zu ertragen und einfühlend mitzuleiden; Ertragen, dass leidfreier Zustand erst mit der göttlichen Erlösung kommt.

M 5: Der Zeichner sieht in der Gentechnologie eine moderne, wirtschaftlichen Interessen dienende Variante der traditionellen Menschenproduktionsvisionen (vgl. A 2).

M 6: Eberhard Schockenhoff, katholischer Professor für Moraltheologie an der Universität Regensburg, sieht einen prinzipiellen Unterschied zwischen der für ihn legitimen Therapie an somatischen Zellen und der Keimbahntherapie.

Arbeitsanweisungen:
– Schockenhoff verzichtet auf explizit theologische Argumente. Sind implizit solche zu erkennen?
– Stellen Sie die Gründe zusammen, die Schockenhoff gegen die Keimbahntherapie anführt. Diskutieren Sie die Überzeugungskraft der verschiedenen Argumente.

Ungefähre Ergebnisse:
1. Es ist verboten, Leben zu zerstören und zu benutzen (→ Dekalog). Es ist unzulässig, Menschen aus eugenischen oder egoistischen Motiven optimieren zu wollen – als Geschöpfe Gottes sind ihre Eigenschaften unantastbar, besitzen sie Würde unabhängig von qualitativen Merkmalen.
2. Keimbahntherapie zu therapeutischen Zwecken ist inakzeptabel, solange eine exakte Begrenzung der irreversiblen Folgen auf ein krankes Gen nicht möglich ist und Folgeschäden sicher ausgeschlossen werden können. Keimbahntherapie zu eugenischen Zwecken ist nicht legitimierbar, da dies eine Fremdbestimmung folgender Generationen bedeuten und so Lebensmöglichkeiten selektioniert würden. Verbrauchende Embryonenforschung ist ein Verstoß gegen die Menschenwürde, da menschliches Leben für fremde Zwecke instrumentalisiert wird. Staat und Medizin haben kein Recht, menschlichen Lebenswert zu definieren. Der Mensch hat ein Recht auf genetische Unveränderlichkeit – niemand darf in seinen genetischen Bestand eingreifen. Die Handlungsmöglichkeiten der Folgegenerationen nehmen immer mehr ab, wenn die Eltern über die genetischen Eigenschaften ihrer Kinder bestimmen dürfen.

A 15

Der Begriff Ektogenese setzt sich zusammen aus den griechischen Worten *ektos* = außerhalb und *genesis* = Entwicklung, Schöpfung, und wird zur Bezeichnung eines außerhalb des Mutterleibes stattfindenden Gebärprozesses benutzt.

M 1: Die Karikatur zeigt einen Forschungsbetrieb, in dem künstliche Menschenerzeugung und Rüstungsforschung als zwei Seiten der gleichen Medaille erscheinen. Die Wissenschaftler haben sich von den realen Notwendigkeiten der Menschen entfernt – Menschenproduktion und -vernichtung unterscheiden sich für sie lediglich durch den aktuellen, austauschbaren Auftrag.

M 2: Der Berliner Publizist Claus Koch fordert Ektogenese als menschengemäße Weise der Fortpflanzung.

Arbeitsfragen:
– Welche Vorzüge hat Ektogenese für Koch gegenüber dem natürlichen Geburtsvorgang?
– Warum passt sie nach seiner Auffassung zum erreichten Entwicklungsstand des Menschen?

Ungefähre Ergebnisse:
1. Der Mutterleib bietet für den Embryo keinen hinreichenden Schutz. Vorgeburtliche Mutter-Kind-Beziehung ist entbehrlich. – Die Anforderungen an die Ausschaltung von Erbrisiken sind gewachsen. Auch das Emanzipationsinteresse der Frauen begünstigt Ektogenese.
2. Die Entfernung von der animalischen Reproduktionsweise entspricht der Naturbeherrschung und dem geistigen Entwicklungsstand des Menschen.

Kommentar

M 3: Die feministische Politologin Ingrid Schneider beobachtet zwar Interessen der medizinischen Forschung, den Frauenkörper im menschlichen Reproduktionsvorgang zu ersetzen, hält diese Pläne jedoch im Gegensatz zu Koch für unrealistisch.

Arbeitsfrage:
– Wie beurteilen Sie das Argument, Frauen seien „kostenmäßig die preiswertesten Inkubatoren"?

A 16

Die Bearbeitung von Vorgeschichte und Verlauf des nationalsozialistischen Programms zur massenhaften Tötung von geistig und körperlich Behinderten, der so genannten „Euthanasie", soll es den Schülern ermöglichen, Unterschiede und Gemeinsamkeiten gegenüber der neuen Euthanasiedebatte bestimmen zu können. Das nationalsozialistische „Euthanasie"-Programm wurde Ende Oktober 1939 von Hitler verfügt (M 7), unter Wahrung strenger Geheimhaltung von einer dazu geschaffenen Dienststelle, der „T-4-Zentrale" in der Berliner Tiergartenstraße 4 durchgeführt und 1941 offiziell gestoppt. Aber auch der so genannten „wilden Euthanasie" fielen in den folgenden Jahren noch zahlreiche Menschen zum Opfer.

M 1: Der Einstieg in das Thema soll mit dieser Statistik erfolgen, die Zahlen aus dem „offiziellen", gleichwohl unter strikter Geheimhaltung durchgeführten Tötungsprogramm dokumentiert. Die folgenden Materialien können unter der Leitfrage bearbeitet werden: Wie konnte es zu diesem Ergebnis kommen? Die Statistik wurde im Auftrag der T-4-Zentrale nach dem offiziellen Stopp der „Euthanasie" erstellt. Der Begriff Desinfektion wird hier für Mord verwendet und verdeutlicht die den Tötungen zugrunde liegende Einstellung. Die Quelle zeigt u. a. den erwähnten Zusammenhang zwischen Eugenik und „Euthanasie", nach dem Behinderte unter dem Aspekt der von ihnen verursachten Kosten und des Schadens betrachtet werden, den sie durch ihre Existenz der Allgemeinheit zufügen.

Arbeitsanweisung:
– Kennzeichnen Sie die Wortwahl und das Menschenbild der Verfasser!

M 2: Der Zoologe Ernst Haeckel (1834–1919) hatte bereits vor Darwin dessen Abstammungslehre auf den Menschen übertragen. Ebenso wie M 3 zeigt der Text, dass führende Repräsentanten des deutschen Geisteslebens vorformuliert hatten, was die Nationalsozialisten später in die Tat umsetzten.

Arbeitsanweisungen:
– Untersuchen Sie, wie Haeckel für die Legalisierung der Euthanasie wirbt.
– Verdeutlichen Sie Bezüge zu traditionellem eugenischen Gedankengut.
– Nehmen Sie zu seiner Argumentation Stellung.

Ungefähre Ergebnisse:
1. Angebliche Interessenidentität der Allgemeinheit, Verwandten und Betroffenen; empathische Wortwahl („unglückliche Kranke", „namenlose Qualen"); Diskreditierung der strikten Lebenserhaltung als traditionelles Dogma und damit als überholt; Vermischung der Situation von Schwerkranken und Behinderten; bedrohliche, wissenschaftlich erscheinende Statistiken.
2. Die negative Bewertung der Zivilisation, der „modernen Kulturstaaten", die Patienten künstlich am Leben erhalten; die Bedrohung, die der Allgemeinheit durch die überproportional steigende Zahl von Behinderten entsteht; die Bewertung der Lebensqualität und des Lebenswertes von Behinderten aus der Sicht von Nichtbehinderten, die gleichzeitig die Interessen des Gemeinwohls definieren; die Forderung nach einer zeitgemäßen Ethik.

M 3: Die wohl einflussreichste Veröffentlichung zur Verbreitung der Auffassung, dass der Staat das Recht und die Pflicht habe, so genannte minderwertige Menschen zu töten, war während der Weimarer Republik die 1920 erschienene Schrift „Die Freigabe der Vernichtung lebensunwerten Lebens" von Karl Binding und Alfred Hoche. Dies lag vor allem am Renommee der beiden Autoren: Der kurz nach Erscheinen des Buches verstorbene Binding war einer der angesehensten Strafrechtler Deutschlands und Hoche war ein namhafter Neurologe. Binding behandelte das Thema im ersten Teil des Buches unter juristischem, Hoche im zweiten Teil unter medizinischem Gesichtspunkt.

Der Textauszug aus dem zweiten Teil zeigt, dass das Recht auf Leben nach dem Krieg nicht mehr selbstverständlich war. In einer von Ressourcenknappheit und nationaler Tristesse geprägten Zeit werden Pflegefälle zu „Ballastexistenzen" und damit zu Hindernissen auf dem Weg zu einer wirtschaftlichen und nationalen Gesundung. Die aggressive, menschenverachtende Wortwahl zeigt, dass die seit den 90er Jahren zunehmende Propagierung der Bedrohung des Gemeinwesens auch in angesehenen, einer engstirnig-völkischen Gesinnung unverdächtigen Kreisen der Bevölkerung Fuß gefasst hatte. Damit leisteten Binding und Hoche, deren Buch in der Folgezeit lebhaft diskutiert wurde, einen wichtigen Beitrag zur Popularisierung der Vorstellung, die bedrohte Allgemeinheit müsse zur eigenen Existenzsicherung „unwertes" Leben beseitigen.

Kommentar

Arbeitsanweisungen:
- Untersuchen Sie die Wortwahl Hoches.
- Woran bindet Hoche das Recht auf Leben?
- Wie beurteilen Sie das Bild von der Expedition?

M 4: Vier Jahre vor der Machtergreifung stellte Hitler unverhüllt den Zusammenhang von Eugenik und Euthanasie dar: Die Tötung der „Schwächsten" soll das Gemeinwesen stärken. Auch andere typische Elemente der eugenischen Weltsicht offenbart der Auszug:
Der Gegensatz von Zivilisation und Natur; die Vorstellung, per planmäßig durchgeführten Zwang die „natürlichen" Selektionsmechanismen auf den Menschen übertragen zu können; das Vorbild Sparta; Pflege der Schwachen als Ursache für kollektiven Niedergang; generell das Definitionsmonopol einer Elite, über das Lebensrecht von als minderwertig Apostrophierten verfügen zu dürfen.

M 5: Der damalige preußische Justiz- und spätere Reichskirchenminister Kerrl formulierte offen die nationalsozialistische Bewertungshierarchie in der „Euthanasie"-Frage: Tötung auf Verlangen ist auch bei unheilbar Kranken zu bestrafen, wenn die Tat nach einem staatlich definierten Verfahren abläuft – und zwar auch dann, wenn die Angehörigen über den zu eigener Äußerung nicht fähigen Patienten verfügen. Dagegen erübrigt sich bei „unheilbar Geisteskranken" die Schaffung eines Unrechtsausschlussgrundes, also die Definition von Bedingungen, unter denen eine an sich strafbare Handlung straffrei bleibt, da deren Leben an sich nicht geschützt ist. Durch ein Gesetz wird die Tötung legal.

Arbeitsanweisungen:
- Erläutern Sie die Bewertungshierarchie, die Kerrl hinsichtlich der Tötung von Menschen vornimmt. Erklären Sie seine Motive und Maßstäbe.
- Verdeutlichen Sie, inwieweit Kerrl Forderungen erhebt, die nur in einer Diktatur realisiert werden können, die zentrale Grundrechte (z. B. Art. 1–3, 6 GG) außer Kraft setzt.

Ungefähre Ergebnisse:
1. Die Ursachen für die Abstufung liegen neben den bereits im Kommentar zu M 2 und M 3 genannten Faktoren, insbesondere der wirtschaftlichen Gefährdung der Allgemeinheit durch zu hohe Aufwendungen für Unproduktive, im nationalsozialistischen Menschenbild und Staatsverständnis. Das Gesundheits- und Schönheitsideal des Ariers stand jeder Form von Siechtum und Behinderung entgegen. Die unterschiedliche Bewertung von äußerungsfähigen Todkranken und geistig Behinderten ergibt sich daraus, dass letztere nach Auffassung der Nationalsozialisten nie zur Volksgemeinschaft gehört haben. Nach ihrem Staatsverständnis sind obrigkeitliche Anordnungen grundsätzlich als legitim anzusehen.

2. Die Ausführungen zur Tötung auf Verlangen stimmen etwa mit dem Strafgesetzbuch (§ 216 StGB) überein und kollidieren nicht mit den Grundrechten. Dagegen sind die Ausführungen zu Sterbehilfe/Euthanasie nur in einer Diktatur zu verwirklichen, in der die Grundrechte nicht gelten und die Exekutive absolut agieren kann.

M 6: Der Text verdeutlicht, dass in der Euthanasiefrage, in der der NS-Staat sich nie offiziell und öffentlich festgelegt hatte, kritische Auffassungen publiziert werden konnten. Matthiß versucht mit dem Dammbruch-Argument den zunehmenden Euthanasieforderungen zu begegnen.

Arbeitsanweisungen:
- War die Argumentation für den NS-Staat akzeptabel?
- Vergleichen Sie die Position von Matthiß mit der Kerrls und kennzeichnen Sie das jeweilige Menschenbild und Rechtsverständnis.

Ungefähre Ergebnisse:
1. Die Stellungnahme von Matthiß ist unvereinbar mit der NS-Ideologie, da menschliches Leben nicht nach Wertmaßstäben differenziert wird. Die Hierarchisierung des Menschen nach rassischen, politischen, gesundheitlichen und utilitaristischen Kriterien ist Grundlage des nationalsozialistischen Menschenbildes.

2. Während Matthiß jedem Menschen ein Lebensrecht zubilligt, unterscheidet Kerrl nach politisch bestimmten qualitativen Gesichtspunkten. Für Matthiß existiert ein natürliches, überzeitliches Recht, Kerrl geht ausschließlich vom positiven Recht aus: Recht ist, was der Staat als solches definiert. Matthiß befürchtet einen Dammbruch, für Kerrl kann es dazu nicht kommen, da der Staat das Definitionsmonopol hat, über Recht und Unrecht zu bestimmen.

M 7/M 8: Das Ende Oktober 1939 von Hitler unterzeichnete, auf den 1. 9. – den Kriegsausbruch – zurückdatierte Schreiben stellte die einzige „rechtliche" Basis für die „Euthanasie"-Tötungsaktion dar. In dem geheimen Ermächtigungsschreiben Hitlers wird die Blankovollmacht für Bouhler und Brandt verbunden mit Euphemismen (kritischste Beurteilung, Gnadentod), die an traditionelle Legitimationsbemühungen der Euthanasiebefürworter anknüpfen. Der Begriff der Unheilbarkeit legitimiert wie bei Kerrl (M5) und im folgenden Gesetzentwurf

91

Kommentar

alle Tötungshandlungen und konterkariert die „kritischste" Prüfung.

Dieser Gesetzentwurf von Oktober 1940 war verfasst worden, da viele Mittäter der Euthanasieaktion eine rechtliche Basis für ihr Tun verlangten. Hitler gestattete jedoch keine gesetzliche Regelung, da er eine Veröffentlichung mit Rücksicht auf Reaktionen im In- und Ausland für inopportun hielt. Inhaltlich bemerkenswert ist u. a. am § 1, dass die Belästigung „anderer" auch in dem Fall, dass die Krankheit nicht sicher zum Tod führt, Kriterium für Sterbehilfe sein kann. Die geforderte Freiwilligkeit dürfte sich dann oft als Formalie erweisen. Sprachlich fallen wieder die verschleiernden Formulierungen ins Auge (z. B. Leben durch ärztliche Maßnahmen beenden, unmerklich).

Arbeitsanweisungen zu M 8:
– Untersuchen Sie die Sprache der Texte.
– Welche Gründe könnten Hitler bewogen haben, Euthanasie nicht gesetzlich zu regeln?
– Wäre der § 1 heute eine geeignete Formulierung in einem Gesetz über Sterbehilfe?

M 9 Die Aufstellung veranschaulicht das zentrale Argument der Euthanasiebefürworter – die Kostenbelastung der Anstaltsunterbringung. Die verschiedenen Schaubilder sollen die Dramatik und Unsinnigkeit einer Versorgung Behinderter demonstrieren. Neben der partiell polemischen Visualisierung ist auch die nur scheinbar neutrale Sprache zu beachten, die etwa durch den Gegensatz deutsches Volk – krankhaft Veranlagte, den Begriff „Gebrechliche" oder durch die Benutzung des Adjektivs „deutsch" für den Arbeiter, nicht aber für die Behinderten deutlich wertet.

Arbeitsanweisungen:
– Untersuchen Sie, wie der Leser beeinflusst werden soll.
– Wie beurteilen Sie die Wirkung einer ähnlichen Statistik auf heutige Leser?

A 17

Beide Kirchen lehnten sowohl die Pläne ab, die Tötung auf Verlangen zu legalisieren, als auch so genanntes „lebensunwertes Leben" zu töten. Dies gilt, auch wenn das konkrete Verhalten einiger konfessioneller Anstaltsleiter und führender Vertreter der Diakonie von Unentschlossenheit und illusionären Einschätzungen geprägt war. Insgesamt war das Bemühen dominierend, wenigstens die eigene Klientel vor dem Mord zu schützen. Daneben gab es Versuche, auf die Politik der NS-Führung Einfluss zu nehmen. In den Materialien sind Auszüge aus den beiden bekanntesten Interventionen abgedruckt.

M 1: An dem Hirtenwort fällt auf, dass das hochaktuelle, brisante Thema des Massenmordes an Behinderten versteckt und unkonkret zwischen zeitlosen kirchlichen Forderungen unterschiedlichen Gewichts genannt wird. Bischof Graf von Galen bezieht sich zum Beginn seiner Predigt auf dieses Wort.

M 2: Die Predigten des katholischen Münsteraner Bischofs Graf von Galen (1878–1946) waren der entscheidende Auslöser zur vorläufigen Beendigung des Euthanasieprogramms.

Warum konnten diese Predigten eine derartige Wirkung entfalten? Einige Antworten:
– Im katholischen Münsterland stand die Bevölkerung noch überwiegend hinter der Kirche und ihrem Bischof.
– Der Bischof von Münster galt als konservativer, durchaus auch nationalgesinnter Mann und war daher schwer angreifbar.
– Galen argumentiert im Text nicht explizit theologisch, sondern in Kategorien des Rechts und der Plausibilität und konnte so weite Teile der Bevölkerung erreichen und überzeugen.
– Die Hinweise auf die künftige Ausdehnung des Tötungsverbots waren sehr wirkungsvoll. Die Zuhörer mussten sich selbst als potenziell von „Euthanasie" betroffen ansehen durch die zentrale Betonung des Gedankens der Unproduktivität als Tötungskriterium. Dieser Begriff ermöglichte es, das Problem von einer scheinbaren Randgruppenfrage mitten in die Gesellschaft zu rücken und das Gefühl kollektiver Betroffenheit zu wecken.
– Populär war auch der Verweis auf das künftige Schicksal von Arbeits- und Kriegsinvaliden. Mitten im Krieg musste die NS-Politik als Verrat an den Soldaten erscheinen.
– Da die „Euthanasie" offiziell von der NS-Führung nie zugegeben worden war, konnte keine offizielle Diskussion über den Sachverhalt geführt werden.
– Die Rede ist geschickt aufgebaut, enthält eine Fülle von rhetorischen Mitteln und verwendet eine einfache, klare Sprache. Dabei scheut sich Galen auch nicht, sehr zeittypische Sprachmuster zu verwenden („Deutsche Männer und Frauen!").
– In einer Zeit, in der systemkritische Informationen und Bewertungen nur sehr vertrauten Personen mitgeteilt werden konnten, musste die öffentliche Darstellung eines gravierenden staatlichen Fehlverhaltens sensationell wirken und eine immense Breitenwirkung entfalten.

Arbeitsanweisungen:
– Warum war die Predigt Galens so wirkungsvoll?
– Verdeutlichen Sie die implizite theologische Argumentation.

M 3: Der württembergische evangelische Landesbischof Wurm (1868–1953) kritisierte 1940 in zwei Briefen an die Reichsregierung die auch in Württemberg angelaufene „Euthanasie"-Aktion. Wie die Predigten Galens ist das hier abgedruckte Schreiben zwar von christlichem Ethos geprägt, theologische Argumente werden jedoch sparsam gebraucht; die meisten Einwände bleiben auf der Ebene einer zeitbezogenen Überzeugungsarbeit. Dieser Umstand dürfte vorwiegend ebenso mit taktischen Rücksichten zu erklären sein wie die Appelle an das nationalsozialistische Selbstverständnis, einzelne nationalistische Wendungen und die Hinweise auf die grundsätzliche politische Loyalität der „Euthanasie"-Kritiker. Daneben ist aber auch auf die konservativ-nationale Haltung Wurms zu verweisen, der sich allerdings in der Folgezeit immer weiter dem bürgerlichen Widerstand näherte.

Trotz aller Einwände im einzelnen hat eine kritische Würdigung zu berücksichtigen, dass hier ein konservativer, in lutherischer Tradition geprägter Bischof sich zu diesem durchaus mutigen Schreiben entschlossen hatte, das jedenfalls im Kreis der Bekennenden Kirche weite Verbreitung fand. Außerhalb der Kirche gab es kaum vergleichbare Initiativen. Wurm leistete damit einen Beitrag zur Delegitimierung der Euthanasie, deren Einfluss jedoch begrenzt blieb, da er wie fast alle „Euthanasie"-Kritiker in beiden Kirchen den offenen Konflikt mit den NS-Machthabern scheute, sondern versuchte, diese von der Notwendigkeit einer anderen Politik zu überzeugen.

Arbeitsanweisungen:
– Benennen Sie die Argumente, die Wurm gegen die „Euthanasie" anführt. Welche sind theologischer, welche pragmatisch-taktischer Natur?
– Welche Einwände Wurms überzeugen Sie, welche erscheinen Ihnen fragwürdig? Erläutern Sie Motive und Ursachen, die Wurms Vorgehen bestimmt haben könnten.
– Vergleichen Sie Wurms Brief mit Galens Predigt. Berücksichtigen Sie neben der Textsorte die jeweilige Zielsetzung. Verdeutlichen Sie die Grundzüge eines christlichen Menschenbildes, das beide Autoren der „Euthanasie" entgegensetzen.

Ungefähre Ergebnisse:
1 a) Pragmatisch-taktische Argumente:
  – Verweis auf allgemeines Aufsehen,
  – Betroffenheit auch der württembergischen Bildungsbürger,
  – <u>nicht nur verblödete, auch arbeitsfähige Personen wurden getötet,</u>
  – Euthanasie widerspricht dem Gottesverständnis des NS,
  – schon in vorchristlicher Zeit galten Unglückliche als sakrosankt,
  – Christentum nahm sich seit jeher der Kranken an,
  – etwaiger Nutzen wird aufgehoben durch Schaden,
  – Gefahr des Dammbruchs – eines Sitten- und Staatsverfalls.

1 b) Theologische Argumente:
  – <u>Zwar hat Leben bedauernswerter Menschen keinen Wert und belastet Angehörige</u>, aber nur Gott darf über das Lebensende entscheiden,
  – <u>erhöhte Todesrate von Behinderten im Krieg war eine Schickung Gottes,</u>
  – Vernichtung Wehrloser ist gegen Gottes Gebot.

(Die aus Sicht des Verfassers besonders problematischen Argumente sind unterstrichen).

2. Die Unterschiede sind vor allem auf die jeweiligen Zielsetzungen zurückzuführen. Während Galen die NS-Politik öffentlich macht, die Bevölkerung aufstachelt und durch diesen Druck die NS-Führung zu einer Beendigung der Morde veranlassen will, versucht Wurm die Machthaber davon zu überzeugen, dass „Euthanasie" nicht in ihrem Interesse ist. Aus dieser Differenz, der wohl auch eine unterschiedliche Einschätzung des Wesens des NS-Staates zugrunde lag, leiteten sich die Unterschiede in der Argumentationsweise und im taktischen Vorgehen ab.

3. Gemeinsam ist beiden Autoren, dass Tötung von Menschen, deren man sich entledigen will, durch kein Kalkül gerechtfertigt werden kann. Die Beendigung des menschlichen Lebens steht nur Gott zu – unabhängig vom „Wert" jedes Menschen.

A 18

Der Einstieg in die aktuelle Debatte soll über einige Fallbeispiele erfolgen, die unterschiedliche Akzente der Thematik beleuchten.

M 1: Infolge der Einnahme des im Schlafmittel Contergan enthaltenen Arzneistoffes Thalidomid während der Schwangerschaft wurden zwischen 1959 und 1962 bei Neugeborenen eine erhöhte Rate an Fehlbildungen der Extremitäten und der inneren Organe beobachtet.

Arbeitsanweisungen:
– Sollte die Mutter bestraft werden oder straffrei bleiben?
– Wie beurteilen Sie das Argument, das Kind wäre nicht glücklich geworden?

Kommentar

– Sollte man die Tötung behinderter Neugeborener generell gestatten?
– Wie erklären Sie sich den Druck der öffentlichen Meinung?

M 2: Der Text handelt davon, dass ein behindertes Kind gegen den Willen der Mutter am Leben erhalten wird. Die Alternative wäre gewesen, entweder das Kind zu töten oder es durch Unterlassen der Operation verhungern zu lassen. Die Hinweise auf das erforderliche Geld und die Kompliziertheit der Operation sind aus dem Interesse des Autors Singer zu erklären, an diesem Beispiel die Unsinnigkeit lebenserhaltender Maßnahmen bei Behinderten zu verdeutlichen (s. A 19). Tatsächlich tritt ein Darmverschluss bei Down-Syndrom-Kindern häufiger auf und ist in der Regel komplikationslos zu beheben.

M 3: Dieser Fall wurde von Singer in der 2. Auflage seiner Praktischen Ethik anstelle von M 2 eingefügt. Offenbar hielt er dieses Beispiel für geeigneter, seine Thesen von der Legitimität der Tötung behinderter Neugeborener zu unterstützen. Der wichtigste Grund für die Textänderung könnte an der Rolle des Down-Syndrom-Kindes liegen: Es scheint problematischer zu sein, diesen im Allgemeinen zufriedenen Menschen das Lebensrecht abzusprechen, als einem, der leidet. Ferner sollen die nun präzisierten Kosten sowie die Hinweise auf Anfälle, dauernde Behandlung und den Einsatz von moderner Technologie die hier implizit enthaltene These des Autors stützen. Im Unterrichtsgespräch wird sich herausstellen, ob diese Modifikationen einen Teil der Schüler veranlassen, das Sterbenlassen schwer behinderter Neugeborener unter bestimmten Bedingungen akzeptabel zu finden.

Arbeitsanweisungen:
– Verdeutlichen Sie die Unterschiede zwischen M 2 und M 3.
– Erörtern Sie, warum Singer in der 2. Auflage seiner „Praktischen Ethik" das Beispiel M 2 durch M 3 ersetzt hat.
– Wie beurteilen Sie den ethischen Konflikt in M 3?

A 19

M 1–M 3: Mit dem Namen des australischen Bioethikers Peter Singer (geb. 1946) verbindet sich eine der lebhaftesten deutschen Ethikdebatten der letzten Jahrzehnte. Als Singer 1989 in Deutschland einige Vorträge halten sollte, kam es zu heftigen Protesten; bis heute kann er in Deutschland – im Gegensatz zu vielen anderen Ländern – kaum öffentlich sprechen. Insbesondere wird Singer von Behindertengruppen und deren Sympathisanten vorgeworfen, eine moderne Variante der nationalsozialistischen Euthanasie zu propagieren und dadurch das Lebensrecht von Behinderten infrage zu stellen.

Die philosophische Basis von Singer ist der Präferenz-Utilitarismus. Moralische Urteile müssen danach von einem universalen Standpunkt aus getroffen werden, von dem aus die Interessen aller Beteiligten – z. B. Menschen und Tiere – bewertet und so die jeweiligen Präferenzen ermittelt werden.

Arbeitsanweisungen zu M 1:
– Beschreiben Sie Singers Person-Begriff. Woran bindet er Leben?
– Welche gesellschaftlichen Auswirkungen hätte eine Realisierung der Unterscheidung von Personen und Angehörigen der Spezies Homo sapiens?

Arbeitsanweisungen zu M 2:
– Beschreiben Sie den Umgang Singers mit Gen. 1,28 (Er schreibt – offenbar versehentlich – 1,29). Welche Rolle spielt der Verweis auf die Bibelstelle im Kontext seiner Argumentation?
– Ist der christliche Einfluss auf unsere Ethik in der von Singer beschriebenen Weise aus Ihrer Sicht wünschenswert oder nicht?

Arbeitsanweisungen zu M 3:
– Wann ist Töten für den Präferenz-Utilitaristen ein Unrecht? Warum ist das Töten von behinderten Neugeborenen für ihn kein Unrecht?
– Vergleichen Sie die Position Singers mit der von Hoche (s. A 16, M 3).

Mögliche Ergebnisse:
1. Personen verfügen über Rationalität, Autonomie und Selbstbewusstsein und haben Wünsche und Interessen für ihre Zukunft.
2. Einige Stichworte: Kein Lebensrecht – entweder nicht mehr oder nicht – für die, die bestimmte qualitative Standards nicht erfüllen; steigender Druck auf Eltern von schwer behinderten Neugeborenen und Angehörige von Todkranken; Gefahr der Ausweitung von Tötungskriterien durch Schwierigkeit von exakten Grenzziehungen; Verringerung von Kranken- und Pflegekosten; Möglichkeit eugenischer Verbesserung und finanzieller Entlastung durch Tötung/Sterbenlassen von schwer behinderten Neugeborenen; Entlastung der Angehörigen von Pflege, Leid etc.
3. Singers Kritik ist auf dem Stand der Vorwürfe aus den 70er Jahren formuliert; die Wirkungsgeschichte des Textes nimmt er ebenso wenig zu Kenntnis wie seinen ursprünglichen Gehalt. (Vgl. A 1). Er will hier den Doppelcharakter des christlich inspirierten Speziesismus verdeutlichen: Einerseits wurde die Tötung menschlichen Lebens

durch Seelen- und Schöpfungsverständnis verfemt, andererseits wurden die Tiere zum Freiwild erklärt.
4. Die Antwort wird davon abhängen, ob man die aus der christlichen Lehre abgeleitete Gleichwertigkeit des Menschen für human ansieht oder, von utilitaristischem Gedankengut ausgehend, eine hierarchische Bewertung menschlichen Lebenswertes vornimmt.
5. Die Rechtswidrigkeit ergibt sich aus der von außen (universal) vorgenommenen Interessenabwägung. Die Tötung von Personen ist normalerweise Unrecht, da ihr Interesse, Zukunft zu erleben, durchkreuzt wird und dieses Interesse Priorität gegenüber konkurrierenden Interessen anderer hat. Nicht-Personen wie Schnecken oder Säuglinge haben kein Interesse an Zukunft.
6. Gemeinsamkeiten von Hoche und Singer:
   – Rolle des Selbstbewusstseins und der intellektuellen Aktivität als Voraussetzung für Lebensrecht,
   – Vergleich der intellektuellen Kapazitäten von Mensch und Tier,
   – Kritik an „modernem" Bestreben, auch „minderwertige" Menschen am Leben zu erhalten,
   – Kritik an religiösen Wurzeln gegenwärtiger Einstellung,
   – Feststellung des Gegensatzes zwischen affektiver Haltung gegen die Freigabe der Tötung wertlosen Lebens und rationaler Notwendigkeit,
   – Forderung nach Überwindung traditioneller Wertvorstellungen und nach Durchsetzung einer neuen Ethik.

M 4/M 5: Der Briefwechsel zwischen der Klasse körperbehinderter Kinder und Singer verdeutlicht den unterschiedlichen Denk- und Erfahrungshorizont der Schreiber und damit die Schwierigkeit einer Kommunikation.

Arbeitsanweisungen:
– Worin besteht die zentrale Differenz zwischen beiden Auffassungen?
– Wie sind die Unterschiede zu erklären?
– Entwerfen Sie einen Antwortbrief der Klasse an Singer, in dem Sie auch auf die Kommunikationsprobleme eingehen.

Mögliche Ergebnisse:
1. Es geht um die Frage, ob behindertes Leben grundsätzlich defizitär und damit zu vermeiden ist, oder ob es besondere Chancen bieten und auch die Allgemeinheit bereichern kann.
2. Die Schüler beurteilen ihr Leben vor dem Hintergrund der Erfahrungen, aus denen sie zu einer positiven Bewertung ihres Lebens gelangt sind, also aus ihrer Binnen- bzw. Erfahrungsperspektive, und verallgemeinern diese. Singer beansprucht, behindertes Leben vom universalistischen Standpunkt zu bewerten und bemisst Behinderung am geistigen und körperlichen Normalzustand. Der Begriff der „Normalität" könnte problematisiert werden.

A 20

Die Stellungnahmen zur Euthanasieproblematik aus den beiden großen Kirchen zeigen, dass die konfessionellen Grenzen bei dieser ethischen Entscheidung nicht mehr von großer Bedeutung sind. Beide Kirchen veröffentlichten z. B. 1996 die Broschüre „Leben bis zuletzt. Sterben als Teil des Lebens", in der sie u. a. vor einer Freigabe der Tötung auf Verlangen warnten. (M 1 ist der Broschüre entnommen). Andererseits fordern der katholische Theologe Hans Küng (M 2) und die Reformierte Kirche der Niederlande, diese Tötungshandlung zu legalisieren – eine Position, die jedenfalls bei den deutschen Kirchenleitungen nicht mehrheitsfähig ist.

M 1: Der Regensburger Moraltheologe Eberhard Schockenhoff wendet sich dagegen, das 5. Gebot als ein unbarmherziges Prinzip in Misskredit zu bringen. Vielmehr wahre das Tötungsverbot die Freiheit des Sterbenden und sein Recht auf einen eigenen Tod angesichts der Zwänge, in die unheilbar Kranke durch den Druck der Verwandten und der Gesellschaft geraten können.

Arbeitsanweisungen:
– Mit welcher Begründung lehnt Schockenhoff die Tötung auf Verlangen ab?
– Was versteht er unter einem eigenen Tod?
– Erläutern Sie sein Verständnis des 5. Gebotes.

Ungefähre Ergebnisse:
1. Gerade im kranken und sterbenden Menschen wird eine verborgene Würde sichtbar. Die Ablehnung des Tötungswunsches bedeutet die Akzeptanz der menschlichen Sterblichkeit. Der Mensch soll seinen Mitmenschen in seiner jeweiligen körperlichen Verfassung annehmen und ihm gegenüber solidarisch sein.
2. Ein Mensch, der die Begrenztheit und Passivität gegenüber Geburt und Sterbevorgang akzeptiert, stirbt seinen eigenen Tod. Aufgabe der Umgebung ist es, ihm dabei zu helfen – nicht aber, ihn durch Druck und Erwartungen daran zu hindern.
3. Schockenhoff wendet sich gegen eine normativ-reglementierende Interpretation des 5. Gebotes, nach der Menschen Opfer von abstrakten, zyni-

schen Forderungen werden. Tatsächlich bedeute es nicht nur negative Grenze, sondern auch positive Aufforderung, dem Nächsten die Möglichkeit zum eigenen Tod zu geben – ist also gleichzeitig Schutz für die Sterbenden und Appell an die Lebenden.

M 2: Der Tübinger Theologe Hans Küng setzt sich seit längerem in zunehmender Deutlichkeit für die Legalisierung auch der aktiven Sterbehilfe ein; vgl. Ders., Ewiges Leben? München 1982, S. 213–217, sowie W. Jens, H. Küng, Menschenwürdig sterben. Ein Plädoyer für Selbstverantwortung, München 1995.

Arbeitsanweisungen:
– Was versteht Küng unter einem eigenen Tod? Vergleichen Sie seine Position mit der von Schockenhoff.
– Verdeutlichen Sie Gemeinsamkeiten und Unterschiede zur Position von Singer.
– Wie interpretiert Küng im Vergleich zu Schockenhoff das 5. Gebot?

Ungefähre Ergebnisse:
1. Für Küng ist es Ausdruck menschlicher Selbstverantwortung, auch über den Sterbeprozess und den Todeszeitpunkt mitentscheiden zu können. Während Schockenhoff die Eigenständigkeit des Sterbenden in seinem Schutz vor Anforderungen und Wünschen Dritter sieht, glaubt Küng, diese Begehrlichkeiten durch gesetzliche Maßnahmen unterbinden zu können, und fordert, dass Hilfe geleistet wird zu Beendigung leidvollen Lebens.
2. Küng und Singer verlangen die Legalisierung der Tötung auf Verlangen bei leidvoll Sterbenden und begründen dies u. a. mit deren Autonomie. Allerdings wird die Autonomie bei Küng relativiert durch die Theonomie, was in seinen Folgen nicht recht deutlich wird. Während für Singer die Autonomie, verbunden mit Rationalität und Selbstbewusstsein, Ausdruck eines hohen Entwicklungsstandes ist, der grundsätzlich das Recht auf Leben ermöglicht, bemisst Küng das Lebensrecht nicht nach qualitativen Merkmalen und will Fremdverfügung durch gesetzliche Bestimmungen verhindern. Die von Singer kritisierte Vorstellung von der Heiligkeit des Lebens wird von Küng nur für den Fall freier, autonomer Entscheidung eingeschränkt, nicht aber grundsätzlich infrage gestellt.
3. Beide Autoren interpretieren das 5. Gebot nicht restriktiv-normativ, sondern vor dem Hintergrund des jeweiligen Freiheitsverständnisses. Für Schockenhoff schützt das Gebot den Sterbenden vor den Erwartungen und Forderungen der Umwelt, während Küng das Gebot so auslegt, dass es der aktiven Sterbehilfe und damit der Bewahrung der Freiheit nicht entgegensteht. Für ihn wäre die wörtliche Anwendung des 5. Gebotes Ausdruck eines grausamen Gottesbildes; zu diskutieren wäre, ob auch die Position Schockenhoffs in seiner Konsequenz aus der Sicht von Küng unter dieses Verdikt fällt. Dieser beharrt auf der Geltung des Gebotes auch im Hinblick auf die aktive Sterbehilfe, deutet es jedoch vor dem Hintergrund des biblischen Liebesgottes.

M 3/M 4: Der evangelische Dortmunder Religionspädagoge Hans Grewel setzt dem utilitaristischen Menschenbild Singers sein Verständnis entgegen, das deutlich die von Singer kritisierte „Heiligkeit des Lebens"-Position enthält.

Arbeitsanweisungen:
– Vergleichen und bewerten Sie die Menschenbilder von Singer und Grewel.
– Ist die Argumentation Grewels in einer säkularen Gesellschaft kommunikabel und akzeptabel?
– Untersuchen sie den Menschenrechts-Katalog. Erörtern Sie, ob die jeweiligen biblischen Stellen die Schlussfolgerungen Grewels legitimieren.